JN098523

初めてでも分かる・使える

会社分割の実務ハンドブック

税理士法人山田&パートナーズ [編著]

第3版

CORPORATE DIVESTITURE

中央経済社

第3版刊行にあたって

　本書（『会社分割の実務ハンドブック』）とその姉妹書にあたる『合併の実務ハンドブック』・『株式交換・株式移転の実務ハンドブック』を平成25年に出版し，平成29年に改訂しました。それぞれの組織再編ごとに法務，会計，税務の実務ポイントを初めての方にもわかりやすく伝えることを心がけて執筆しました。

　その後も，外部企業を買収するM&Aがより一般的に行われるようになり，また企業内の事業再構築の観点や，事業承継の一環で組織再編の手法が今まで以上に検討・実行されています。組織再編に関する理解が，企業経営，企業実務を行うにあたって，より求められていると感じます。

　一方その間にも組織再編に関する法律制度，会計基準，税制についてはいくつかの改正が行われており，直近では会社法の改正により「株式交付」制度が令和3年3月1日より新たに施行されました。

　分割については平成29年度に特定の事業部門のスピンオフを税制適格の会社分割により実行する税制が創設されました。さらに翌年の改正ではスピンオフ準備のための組織再編で適格要件が緩和され，機動的な事業再編が可能となりました。このように，企業の経営戦略の選択肢はますます多岐にわたり，複数の組織再編の比較検討を行う場面も増加しております。

　このような状況の中，この第3版においては分割に関する昨今の制度改正のほか，グループ内での分割における取扱いや実務上の留意点を中心に加筆修正を行っています。

　分割の実務に携わる方々にとって，本書が少しでもお役に立てることを心より願っております。末筆ながら，本書の第3版にあたり，きめ細かい配慮とご尽力をいただきました中央経済社の秋山宗一様に，この場を借りて心より御礼申し上げます。

令和3年7月

税理士法人　山田&パートナーズ
執筆者一同

はじめに

　企業の経営において，合併，分割，株式交換といった組織再編の手法が身近な存在となってきているように感じます。多くの企業が抱える様々な経営課題について，その解消のための手段として組織再編の活用の場面が増えているからだと思います。会社法や税法の改正によって組織再編に関する法整備がされたことにより，活用がしやすくなっていることもその要因として挙げられます。例えば，以下のような場面においては組織再編の手法を活用できるケースがあります。

- ●経営の効率化を図るため，企業グループ内において事業を統廃合する
- ●経営の多角化を目的として新事業を買収する（M&A）
- ●オーナー企業における事業承継に当たって新オーナーに事業を移転する

　これらの経営課題は大企業のみが直面しているものではなく，中堅中小企業においても同様です。特に事業承継については数えきれないほどの企業が悩みを抱えているのではないでしょうか。

　このような状況を背景に，組織再編という手法が企業の経営に携わる方々の中に広く認知されるようになったのだと思います。しかし，一般的になったからといって誰もが簡単に行える手続きというわけではありません。実行するに当たっては，様々な点に留意が必要です。例えば，本書の内容である会社分割を行ったとしましょう。会社には，株主や債権者，そこで働く従業員など多くの関係者が存在します。会社分割によって事業が他の会社に移転することとなれば，それぞれの会社関係者に大きな影響が生じ，当該関係者が何かしらの不利益を被ることも想定されます。そこで，会社法その他の法律においては，これらの関係者を保護するための取扱いが設けられています。また，会社分割を行えば，事業を切り離す会社と事業を受け入れる会社のそれぞれにおいて，移転する資産及び負債をどのように処理するかという会計的な問題も生じます。会社分割に伴う課税関係も重要な課題です。税法上，会社分割に伴う資産・負

債の移転は原則として譲渡と考えますので，譲渡益課税などの税負担についても事前に検討しなければなりません。

　このように，組織再編を行えば多方面において気を配らなければならず，手続きに慣れた専門家でなければ思わぬトラブルが生じかねません。しかしながら，すべてを専門家に任せてしまうことは必ずしも良いこととは言えません。組織再編を行うに当たって最終的な意思決定を行うのは，依頼先の専門家ではなく当事者である会社です。組織再編の実行は時間的な制約を伴うケースも多く，これに機動的に対応するためには組織再編に携わる当事会社の経営陣や各担当者も全体像を把握しておくことが望ましいからです。また，グループ内の再編など関係当事者が少なくシンプルなケースであれば専門家に頼らずとも実行できるケースもあり，この場合，実行に当たっての最低限の知識を備えておく必要があります。

　本書は，タイトルにあるとおり組織再編の１つである会社分割について，法務手続き，会計処理，税務上の取扱いという，組織再編の実行に当たって必要な各分野の情報をまとめています。また，実務において使用できることを狙いとして作成しましたので，初めての方でも業務イメージを持っていただけるよう，具体的な手続きの流れや必要書類の記載方法等について，実務上の留意点を示しながら解説をしています。

　本書を会社分割を行う際の手続きマニュアルとしてご活用いただき，実務に携わる皆様方のお役に立てることを心より願っております。

　最後になりましたが，本書の作成にあたり大変ご尽力をいただきました中央経済社の津原氏に，この場を借りて心よりお礼申し上げます。

平成25年8月

税理士法人　山田＆パートナーズ

執筆者一同

目　　次

第1章　会社分割の法務

第2章　会社分割の会計

第4節　取得のケーススタディ／123

第5節　その他の論点／132

第3章　会社分割の税務

第1節　会社分割の税制の概要／138

第4章　株式分配（スピンオフ）の会計税務

凡　例

会社法整備法……………会社法の施行に伴う関係法律の整備等に関する法律

労承法…………………会社分割に伴う労働契約の承継等に関する法律

独占禁止法………………私的独占の禁止及び公正取引の確保に関する法律

結合基準…………………企業結合に関する会計基準

分離基準…………………事業分離等に関する会計基準

適用指針…………………企業結合会計基準及び事業分離等会計基準に関する
　　　　　　　　　　　　適用指針

法人税施行令……………法人税法施行令

法人税施行規則…………法人税法施行規則

所得税施行令……………所得税法施行令

措置法……………………租税特別措置法

地方税施行令……………地方税法施行令

第1章

会社分割の法務

第1節　会社分割の概要

Q1-1 会社分割の位置づけ

会社分割の位置づけを教えてください。

ポイント

会社分割とは，分割した事業に係る権利義務を他の会社に包括的に承継させる行為をいう。

A　会社分割とは，会社が事業に関する権利義務の全部又は一部を分割によって他の会社に「包括的に承継」させる行為をいいます（会社法2二十九，三十）。したがって，分割事業に係る権利義務を，その権利義務に係る相手方の個別の合意を得ることなく，承継会社に移転することができます。

例えば，通常，譲渡制限が付されている株式を譲渡するときは，株式を譲渡することについて株式発行会社の承認が必要となりますが，会社分割で分割資産として株式を承継会社に移転したときには，その株式発行会社の譲渡承認は不要となります。

同じように事業を切り出す手法として事業譲渡がありますが，会社分割と事業譲渡の比較は「第1章第4節　実務上の論点 Q1−26」を参照してください。

Q1 -2 吸収分割と新設分割の違い

会社分割の形態①（吸収分割と新設分割の違い）を教えてください。

(ポイント)

- 会社分割には，既存の他社に分割事業を承継させる吸収分割と，分割により新たに設立する会社に分割事業を承継させる新設分割とがある。
- 吸収分割と新設分割は，分割事業を承継する会社が既存の会社なのか，新設の会社であるかに違いがある。

 会社分割には，分割事業を他の既存の会社に承継させる「吸収分割」と，分割事業を新たに設立する新会社に承継させる「新設分割」があります（会社法2二十九，三十）。吸収分割と新設分割は，分割事業を既存会社に承継させるのか，新会社に承継させるのかに違いがあります。

1．吸収分割

分割会社（事業を切り出す会社）は，承継会社（事業を受け入れる会社）と分割契約を締結します（会社法757）。この分割契約で定めた分割事業に係る権利義務は，同じく分割契約で定める分割の効力発生日に，すべて承継会社に移転することになります（会社法759①）。

分割会社は，事業に関する権利義務を移転する対価として，承継会社より承継会社の株式や金銭その他の財産の交付を受けることができます。分割の対価がある場合，その内容を分割契約書で定める必要があります。

【分割会社であるＡ社が，乙事業を既存会社であるＢ社に会社分割する場合】

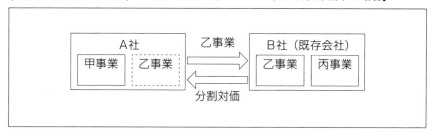

　Ａ社が，乙事業を既存のＢ社に分割します。Ｂ社は乙事業の権利義務を承継し，分割の対価として金銭やＢ社株式等を分割対価として交付します。

２．新設分割

　分割会社は，新設会社に承継する権利義務を定めた新設分割計画を作成します（会社法762）。この新設分割計画で定めた権利義務が，新設会社の成立の日に新設会社に承継されます。

　なお，この成立の日は新設会社の設立登記をした日となります。新設分割計画は，新たな会社を設立するための計画であるため，会社の住所や商号，設立時の役員等を記載する必要があり，吸収分割の分割契約書に比べて記載事項が多くなります（会社法764）。具体的な記載内容は，**Ｑ１－６**を参照してください。

【分割会社であるＡ社が，乙事業を新設会社であるＣ社に会社分割する場合】

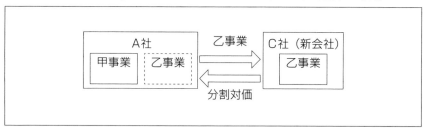

　Ａ社が，乙事業を会社分割と同時に新たに設立するＣ社に分割します。Ｃ社は乙事業の権利義務を承継し，分割の対価としてＣ社株式を分割対価として交付します。

Q1 -3 | 分社型分割（物的分割）と 分割型分割（人的分割）の違い

会社分割の形態②（分社型分割と分割型分割の違い）を教えてください。

(ポイント)

- 分社型分割（物的分割）と分割型分割（人的分割）は，最終的に承継会社から受け取る分割対価を誰が受け取るかに違いがある。
- 分社型分割においては，分割の対価を分割会社が受け取る。
- 分割型分割においては，分社型分割の後に，対価を受け取った分割会社が，その分割と同時に，その受け取った対価を分割会社の株主に配当する。

A | 1．分社型分割（物的分割）

分社型分割においては，下記のとおり，分割の対価を分割会社が受け取ります。

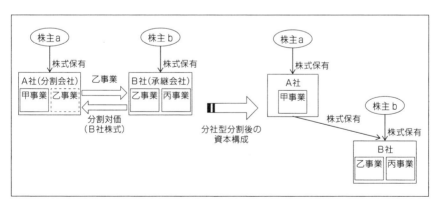

分割会社であるA社は，承継会社であるB社から分割対価（B社株式）を受け取るため，A社はB社の株主になります。

6

２．分割型分割（人的分割）

　分割型分割においては，前記１．の分社型分割により分割会社が取得する分割対価を，直ちに分割会社の株主に剰余金の配当として分配します。

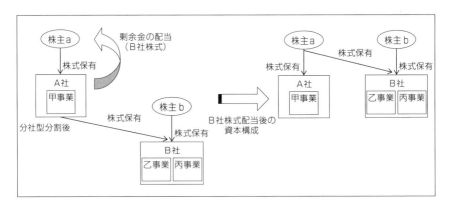

　分割会社であるＡ社は，承継会社であるＢ社から分割対価（Ｂ社株式）を受け取り，それをＡ社の株主ａに配当するため，株主ａはＢ社の株主にもなります。

　なお，Ｑ１－２の吸収分割／新設分割とＱ１－３の分社型分割／分割型分割の組み合わせにより，会社分割の方法は４通りとなります。

吸収分割	分社型分割
	分割型分割
新設分割	分社型分割
	分割型分割

Q1 -4　会社分割における会社形態による制限

会社分割を行うにあたり，会社形態により制限があると聞きました。その内容を教えてください。

ポイント

● 分割会社の制限

株式会社，合同会社及び特例有限会社は事業分離する分割会社になれるが，合名会社，合資会社は分割会社にはなれない。

● 承継会社の制限

特例有限会社は承継会社になれない。

A　1．分割会社の制限

　会社法上及び会社法の施行に伴う関係法律の整備等に関する法律上，会社形態として株式会社，合同会社，合名会社，合資会社，特例有限会社の5種類があります。そのなかで，事業を分離する分割会社になれるのは株式会社と合同会社，特例有限会社であり，合名会社，合資会社は分割会社になることができません（会社法2二十九，三十，会社法整備法37）。

　合同会社の出資者（株式会社でいう株主）は，株式会社と同様に，会社の債務に対して有限責任ですが，合名会社の社員及び合資会社の無限責任社員は，会社の債務に対して無限に責任を負います。そのため，合名会社の社員及び合資会社の無限責任社員は，会社分割によって承継会社に移転した債務に対してどこまで責任を負うかが不明確になることから，合名会社及び合資会社は分割会社になれません。

2．承継会社の制限

　株式会社，合同会社，合名会社，合資会社のいずれも承継会社となることができます（会社法757，758，760，762，763，765①）。

　ただし，特例有限会社は分割会社になれるものの，承継会社にはなることが

できません（会社法整備法37）。そのため，特例有限会社を承継会社とする場合には，会社分割の前に株式会社に組織変更する必要があります。

　なお，特例有限会社とは，会社法施行前に有限会社法に基づき設立された会社（旧有限会社）のことをいい，会社法施行後も商号はそのまま有限会社という名称を使用しますが，株式会社の法規が適用されます。

【参考】各会社形態における分割会社，承継会社

	株式会社	合同会社	合名会社	合資会社	特例有限会社
分割会社	○	○	×	×	○
承継会社	○	○	○	○	×

第2節　会社分割の手続き

Q1-5　会社分割の手続きとスケジュール

会社分割の具体的な手続きとそのスケジュールを教えてください。

ポイント

- 会社分割の手続きの概略は，下記表のとおりであり，手続きは同時並行で進めることも可能である。
- 吸収分割と新設分割の手続きは，概ね同じであるが，一部異なるものがある。

	吸収分割	新設分割
吸収分割契約の締結	○	—
新設分割計画の作成	—	○
取締役会の承認決議	○	○
事前開示書類の備置き	○	○
株主総会による承認決議	○	○
労働者保護手続き	○	○
債権者保護手続き	○	○
株主の株式買取請求	○	○
新株予約権者の新株予約権買取請求	○	○
公正取引委員会への届出	○	○
金融商品取引法上の届出	○	△
登録株式質権者・登録新株予約権質権者への公示・通知	○	○
事後開示書類の備置き	○	○
登記，名義変更等	○	○

△単独新設分割の場合は不要

1．吸収分割の手続き

　　吸収分割の手続きは，分割会社，承継会社の両社で手続きがあります。各手続きは同時並行で進めることも可能です。

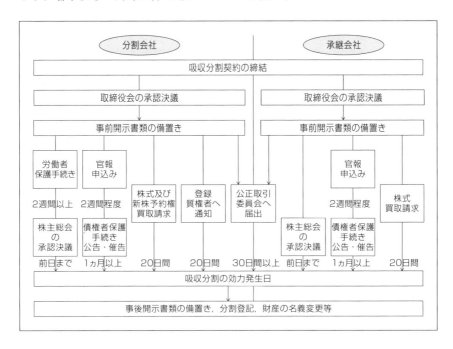

2．新設分割の手続き

　新設分割は新会社の設立を伴うため，基本的な手続きは分割会社で行います。各手続きは同時並行で進めることも可能です。

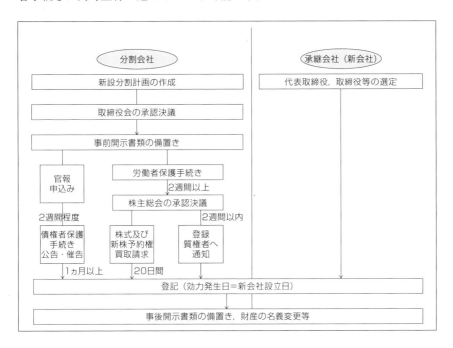

Q1 -6 | 吸収分割契約と新設分割計画について
吸収分割契約と新設分割計画について教えてください。

ポイント

- 吸収分割契約

  吸収分割を行う場合には，分割会社と承継会社との間で吸収分割契約を締結する必要がある（会社法757）。

  この吸収分割契約には，分割によって承継会社に移転する資産・債務，その他の権利義務，承継会社が分割会社に交付する分割対価の種類等の法定記載事項を漏れなく記載する必要がある（会社法758）。

- 新設分割計画

  新設分割を行う場合には，新設分割計画を作成する必要がある（会社法762）。

  なお，分割により新会社を設立するため，分割により承継する権利義務や分割対価の内容等だけでなく，新会社の定款記載事項等も記載する必要がある（会社法763）。

 1. 吸収分割契約

　　吸収分割を行う場合，分割会社と承継会社とで吸収分割契約を締結する必要があります。

　その吸収分割契約には，必ず記載しなければならない事項があり，その事項が記載されていなければ吸収分割の無効原因となりますので注意が必要です。

　吸収分割契約に必ず記載しなければならない事項は下記のとおりです（会社法758）。

- 分割会社及び承継会社の商号及び住所
- 承継の対象となる資産・債務・雇用契約・その他の権利義務関係
- 株式（分割会社又は承継会社）を承継会社に承継させる場合，当該株式に関

する事項

- ●承継会社が分割の対価を交付する場合，以下の事項
  - ①　対価が株式の場合，株式の数又はその数の算定方法や組み入れる資本金・資本準備金の額
  - ②　対価が社債の場合，社債の金額及び合計額又は算定方法
  - ③　対価が新株予約権の場合，新株予約権の内容及び数又は算定方法
  - ④　対価が新株予約権付社債の場合，②と③の事項
  - ⑤　対価が上記①～④以外の場合，財産の内容及び数（額）又は算定方法

2．新設分割計画

　分割会社が新設分割を行う場合，新設分割計画書を作成する必要があります。なお，新設分割を計画する会社（分割会社）が複数ある場合には，当該分割会社が共同して作成します（会社法762②）。

　吸収分割契約と同様に，新設分割計画にも必ず記載しなければならない事項があります。

　新設分割計画に必ず記載しなければならない事項は下記のとおりです（会社法763）。

- ●新設分割により設立される会社の目的・商号・本店の所在地・発行可能株式総数・その他定款で定める事項
- ●新設会社の設立時の取締役の氏名
- ●新設会社が会計参与・監査役・会計監査人を置く場合，その氏名又は名称
- ●新設会社が分割会社より引き継ぐ資産・債務・権利など
- ●対価が株式の場合，株式の数又はその数の算定方法や組み入れる資本金・資本準備金の額
- ●対価が社債の場合，その内容など
- ●対価が新株予約権の場合，その内容など
- ●分割型分割に該当する場合，その配当に関する事項
- ●全部取得条項付種類株式を用いる場合，その取得に関する事項

Q1 -7 会社分割と取締役会決議

会社分割に関連する取締役会の決議について教えてください。

（ポイント）

取締役会の承認が必要となる（会社法362④）。

A 　会社分割は，会社の重要な業務執行の決定であるため，取締役会の承認を得る必要があります（会社法362④）。なお，取締役会非設置会社の場合は，取締役の過半数による承認が必要となります（会社法348②）。

　また，会社分割は株主総会の承認決議が必要（簡易会社分割や略式会社分割に該当する場合を除く）であるため，実務上，取締役会において株主総会の招集決議をあわせて行います（会社法298④）。

Q1 -8 事前開示書面

事前開示書面について教えてください。

ポイント

　分割会社及び承継会社は，一定の期間，分割契約書や当事会社の計算書類などの書類を本店に備え置く必要がある（会社法782①，794①）。

会社分割は，会社の営む事業が分割されるため，その会社の株主や債権者に重要な影響を与えます。

　したがって，株主や債権者が会社分割の適否を適切に判断できるよう，分割会社及び承継会社は，分割契約書や当事会社の計算書類などをそれぞれの本店に備え置く必要があります（会社法782①，794①）。

　事前に開示する主な内容は以下のとおりです（会社法782①，794①，803①，会社法施行規則183，192，205）。

- 吸収分割契約，新設分割計画の内容
- 分割に関する対価の相当性
- 最終事業年度の計算書類等

　上記書類の開示期間は，次に掲げる日の一番早い日から，分割の効力発生日以後6ヵ月を経過する日までとなります（会社法782②，794②，803②）。

(i)	会社分割の承認に係る株主総会日の2週間前の日
(ii)	株主に会社分割を行う旨の通知をした日又は会社分割に係る(iv)の公告の日のいずれか早い日
(iii)	新株予約権者に会社分割を行う旨の通知をした日又は会社分割に係る(iv)の公告の日のいずれか早い日

(iv)	債権者保護手続きが必要な場合には，公告の日又は個別催告の日のいずれか早い日
(v)	上記の手続きが不要な場合には，吸収分割契約締結（新設分割計画作成）の日から2週間を経過した日

Q1 -9 | 会社分割と株主総会決議

会社分割に伴う株主総会の決議について教えてください。

(ポイント)

　原則として，株主総会において吸収分割契約又は新設分割計画の承認決議を受ける必要がある（会社法783①，795①，804①）。

A　原則として，株主総会において吸収分割契約又は新設分割計画について特別決議を受ける必要があり，株主総会の議事録を作成します（会社法309②十二，804①，783①，795①）。

　特別決議とは，定款で異なる定めを置いていない場合には，株主総会に議決権総数の過半数を有する株主が出席し，出席した株主の議決権の3分の2以上の賛成をもって承認される決議をいいます（会社法309②）。

　ただし，簡易会社分割及び略式会社分割については，株主総会決議が不要となっています。簡易会社分割及び略式会社分割については，**Q1−17**を参照してください。

Q1 -10

労働者保護手続き

労働者保護手続きについて教えてください。

(ポイント)

　　分割会社は,「会社分割に伴う労働契約の承継等に関する法律」(以後, 労承法) の規定に則り, 所定の日までに, 一定の労働者に通知をする必要がある。

A

1. 概　要

　　分割の対象となる事業に従事している者は, 吸収分割契約 (又は新設分割計画) の内容により, 労働条件が従来のものと変わり, 大きな影響を受ける場合があります。

　そのため, 分割会社は,「会社分割に伴う労働契約の承継等に関する法律」により, 一定の要件を満たす労働者を保護する手続きをとる必要があります。

2. 手続き

(1) 通知の内容

　分割会社は, 一定の労働者に対し, 下記の内容を書面で通知しなければなりません (労承法2①②)。

【書面で通知する内容】

● これまで会社との間で締結されていた労働者契約に関する承継の有無
● 異議申出の期限日

【通知の対象となる一定の労働者】

● 分割により承継会社等に承継される事業に主として従事する者
● 分割契約等に, 労働契約を承継会社等が承継する旨の定めがある者 (上記の者は除く)

(2)　通知の期限（労承法2③）

　原則として，吸収分割契約（又は新設分割計画）に係る株主総会の決議日の15日前までに通知をしなければなりません（労承法2③一）。

　ただし，簡易会社分割や略式会社分割により，株主総会の承認決議が不要な場合には，分割契約の締結日（分割計画の場合は作成日）から起算して2週間を経過する日までに通知しなければなりません。

3．異議申出
(1)　期　間

　通知を受けた労働者のなかで不服のある者は，通知を受けた日の翌日から吸収分割契約又は新設分割計画の承認を行う株主総会の前日までに異議を申し出なければなりません。

　また，簡易会社分割や略式会社分割により，株主総会の承認決議が不要である場合には，効力発生日の前日までに異議を申し出なければなりません（労承法4③一,二）。

　分割会社は異議申出の期間を通知期限日の翌日から最低13日間設けなければなりません（労承法4②③，5①②）。

【参考】スケジューリング　※通知期限日は最短期間
○通常の場合（株主総会がある場合）

○株主総会がない場合（簡易会社分割や略式会社分割）

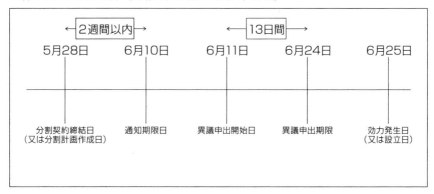

(2) 異議申立ての可否

【承継の対象となる事業に主として従事している者】

吸収分割契約（又は新設分割計画）への労働契約承継記載の有無	有	無
勤務先	承継先に変更	変更なし
異議申立ての可否	不可	可能
異議申立てをした場合の労働契約	―	承継先に承継される

【上記の者以外】

吸収分割契約（又は新設分割計画）への労働契約承継記載の有無	有	無
勤務先	承継先に変更	変更なし
異議申立ての可否	可能	不可
異議申立てをした場合の労働協約	承継先に承継されない	―

Q1 -11 | 債権者保護手続き

会社分割の債権者保護手続きについて教えてください。

ポイント

- ●債権者保護手続きの対象となる債権者

  分割会社及び承継会社の債権者のうち，一定の者については，会社分割に対して異議がある場合，当該異議の申出を行うことが認められている。

- ●具体的な手続き

  債権者保護手続きの対象となる債権者がいる場合には，公告及び知れている債権者への個別催告を行う必要がある。

- ●異議申出があった場合の会社の対応

  債権者が異議を述べた場合，会社は原則として債権者に弁済する必要がある。

A 1．債権者保護手続きの対象となる債権者

　　分割会社及び承継会社の債権者のうち，一定の者については，会社分割に対して異議がある場合，当該異議の申出を行うことが認められています（会社法789，799，810）。

　これは，会社分割という組織再編行為に伴い，債権者が有する債権の回収に影響を及ぼすような場合があるため，債権者に不利益が生じないよう会社分割に対する発言の機会を設けることを趣旨として設けられた規定です。

　具体的な内容は下記のとおりです。

(1)　吸収分割の場合

　対象となる債権者の範囲は，分割会社と承継会社で異なります。

分割会社	吸収分割後も分割会社に債権が残る債権者
	吸収分割により承継会社に債権が移転する債権者のうち，重畳的債務引受けが付されている債権者
	上記以外の債権者
承継会社	承継会社の債権者

☐ 債権者保護手続きの対象

① 分割会社

分割会社の債権者は，原則として債権者保護の対象となります。

ただし，分割後も分割会社に債権が残る債権者及び引き続き分割会社に対して債務の履行を請求することのできる債権者（重畳的債務引受けが付されている債権者）については，債権者保護手続きの対象から除かれています（会社法789①）。

なお，いわゆる分割型分割（Q1－3参照）を行う場合，又は，全部取得条項付種類株式の取得が行われる旨が定められている場合には，債務履行の可否にかかわらず分割会社のすべての債権者が債権者保護の対象となります（会社法789①）。これは，分割型分割を行う場合や全部取得条項付種類株式の取得が行われる場合には，財源規制が課されないこととされている（会社法792）ため，すべての債権者に影響を及ぼす可能性があるからです。

② 承継会社

承継会社については，すべての債権者が債権者保護手続きの対象となります（会社法799）。これは，承継会社において分割会社の不採算事業を譲り受ける場合もあり，当該譲受けに伴い，債権の回収可能性を悪化させるおそれがあるためです。

なお，承継会社が認識できていない債権者がいる可能性があるため，すべての承継会社について公告手続を行う必要があります。

(2)　新設分割の場合

分割会社	新設分割後も分割会社に債権が残る債権者
	新設分割により新設会社に債権が移転する債権者のうち，重畳的債務引受けが付されている債権者
	上記以外の債権者
新設会社	債権者保護手続きなし

▢債権者保護手続きの対象

　考え方は吸収分割と同様です。

　なお，新設分割の場合には，会社分割効力発生前には，そもそも新設会社自体が存在していませんので，新設会社には債権者保護手続きの規定自体がありません。

> **column　異議申出期間中（又は異議申出期間終了後）に債権を取得した債権者**
>
> 　会社法上，いつの時点の債権者が債権者保護手続きの対象となるかについて明確な定めはありませんが，異議申出期間中（又は異議申出期間終了後）に債権を取得した債権者については，債権者保護手続きの対象には含まれないものと考えられています※。

※　森本滋「会社法コンメンタール（17）」341頁（平成22年，商事法務）

2．具体的な手続き

(1)　公告及び個別催告

　債権者保護手続きの対象となる債権者がいる場合には，会社は次の事項を公告するとともに，知れたる債権者（債権者保護手続きの対象となる債権者に限る）に対して個別催告を行う必要があります（会社法789②，799②，810②）。

　なお，ここでいう「知れたる債権者」とは，会社が，債権者が誰であり，その債権がいかなる原因に基づき，いかなる内容のものかを把握している，その債権者を意味しています。

〔通知する内容〕

(1)　吸収分割の場合
吸収分割をする旨
吸収分割の相手方の商号及び住所
分割会社・承継会社の計算書類に関する事項
債権者が一定の期間内に異議を述べることができる旨
(2)　新設分割の場合
新設分割をする旨
新設会社の商号及び住所，他に分割会社があるときはその商号と住所
分割会社の計算書類に関する事項
債権者が一定の期間内に異議を述べることができる旨

　なお，会社の公告方法として，官報公告以外（電子公告又は日刊新聞紙による公告での方法）を定款で定めている場合には，当該定款で定めている公告方法を官報公告とあわせて行うことにより，個別催告を省略することができます。

定款で定めている公告方法	公告及び個別催告
官報	官報公告＋個別催告
電子公告	官報公告＋電子公告（個別催告不要）
	官報公告＋個別催告
日刊新聞紙	官報公告＋日刊新聞紙による公告（個別催告不要）
	官報公告＋個別催告

(2)　異議申立期間

　債権者が異議を述べることができる期間として，1ヵ月以上の期間が必要なため，公告（及び個別催告）は会社分割の効力発生日の1ヵ月以上前に行わなければならないということになります（会社法789②，799②，810②）。

　また，実務上官報公告の申し込みから掲載までには日数がかかるため，スケジューリングには注意が必要です。

＜官報公告の記載例（吸収分割）＞

吸収分割公告

左記会社は吸収分割して甲は乙の○事業に関する権利義務を承継し乙はそれを承継させることにいたしました。

この会社分割に異議のある債権者は，本公告掲載の翌日から一箇月以内にお申し出ください。

なお，最終貸借対照表の要旨は左記のとおりです。

令和○年○月○日

東京都○区○町○番地

　（甲）株式会社○

　　　代表取締役　　○○

○県○市○町○番地

　（乙）○株式会社

　　　代表取締役　　○○

第○期決算公告

令和○年○月○日
○県○市○町○番地
　　　　　　　　　　　　○株式会社
　　　代表取締役　　○○　　○○

| 資産の部 |
| 負債及び純資産の部 |

第○期決算公告

令和○年○月○日
東京都○区○町○番地
　　　　　　　　　　　　株式会社○
　　　代表取締役　　○○　　○○

| 資産の部 |
| 負債及び純資産の部 |

3．異議申出があった場合の会社の対応

　債権者が異議を述べた場合，会社は原則として次のいずれかの措置をとる必要があります（会社法789⑤，799⑤，810⑤）。

> - その債権者に債務を弁済する
> - その債権者に相当の担保を供する
> - その債権者に弁済を受けさせることを目的として信託会社等に相当の財産を
>   信託する

　ただし，すでに十分な担保の提供をしているような場合など，異議申出をした債権者を害するおそれがないときは，そのまま分割手続きを進めることができます。これらすべての債権者保護手続きは，会社分割の効力発生日の前日までに終了している必要があります。

column	詐害的な会社分割における債権者の保護

　通常，承継会社に承継されない債務の債権者（残存債権者）に対しては，債権者保護手続きを行う必要はありません。しかし，残存債権者を害することを知って吸収分割等をした場合には，残存債権者は分割会社に対して，承継した財産の価額を限度として債務の履行を請求できます（会社法759④，761④，764④，766④）。これは，残存債権者を害する目的で，債務返済の原資となる資産や事業を切り出す会社分割が行われていることに対処するためのものです。

Q1 -12 | 反対株主の株式買取請求制度

反対株主の株式買取請求制度について教えてください。

ポイント

- ●反対株主の株式買取請求制度の概要

  会社分割に反対する株主は，所定の期間内に，会社に対し株式買取請求を行うことができる。

- ●株式買取請求を行うことができる株主

  イ　原則として，分割会社及び承継会社のすべての株主が株式買取請求権を持つ。

  ロ　会社分割が簡易分割に該当する場合，分割会社の株主及び承継会社の株主は株式買取請求を行うことができない（イの例外）。

- ●株主への個別通知

  イ　会社は所定の日までに会社分割に関する事項を株主に個別通知を行う必要がある。

  ロ　会社が公開会社である等一定の場合には，公告を行うことにより株主への個別通知を省略できる（イの例外）。

- ●株式の買取価格

  イ　会社は「公正な価格」で株式を買い取ることとなる。

  ロ　効力発生日から30日以内に協議が調わなかった場合には，その後30日以内に裁判所へ株式買取価格決定の申立てをすることができる。

1．株式買取請求の概要

　会社分割を行う場合，会社分割に反対する株主は，会社に対し自己が所有している株式を買い取るよう請求することができます（会社法785①，797①，806①）。これは，会社分割という株主にとっても影響の大きい行為について，当該行為に反対する株主への投資回収の機会を与えることにより，株主保護を行うことを趣旨として設けられた制度です。

　なお，この株式買取請求権の行使期間については，吸収分割においては「会社分割の効力発生日の20日前から効力発生日の前日」，新設分割においては「会社分割に関する通知又は公告の日から20日以内」と限定されています（会社法785⑤，797⑤，806⑤）。Ｑ１－11で述べたように，債権者保護手続きは１ヵ月以上の期間をとることが要求されていますので，債権者保護手続きと比べると，実務上は株式買取請求期間がスケジュール上のネックになることは少ないと考えられます。

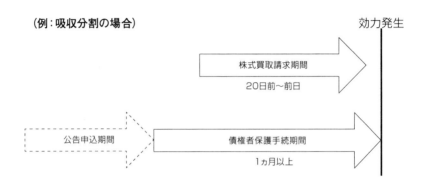

（例：吸収分割の場合）　　　　　　　　　　　　　　　　　　　　効力発生

株式買取請求期間

20日前〜前日

公告申込期間

債権者保護手続期間

１ヵ月以上

２．対象となる株主の範囲

(1) 原 則

　会社分割は，分割会社及び承継会社の両社にとって影響の大きい行為であるため，原則として，分割会社及び承継会社の全株主が株式買取請求の対象となります（会社法785①②，797①②，806①②）。

(2) 例外（簡易会社分割の場合）

　簡易会社分割（簡易会社分割の内容についてはＱ１－17を参照）に該当する場合，「分割会社」の株主及び「承継会社」の株主は株式買取請求を行うことはできません（会社法785①，797①，806①）。これは，簡易分割に該当するような場合には，分割会社の株主及び承継会社の株主に与える影響もそこまで大きなものにならないことが通常であり，投資回収の機会を設ける必要性も乏し

いと考えられるためです。

【株式買取請求の対象となる株主】

原　則		簡易分割の場合	
分割会社株主	承継会社株主	分割会社株主	承継会社株主
○	○	×	×

３．会社から株主への通知

(1)　吸収分割の場合

　株式買取請求の対象となる株主がいる場合，会社は吸収分割の効力発生日の20日前までに，対象となる株主に，次の事項を通知する必要があります（会社法785③，797③）。

> ● 吸収分割をする旨
> ● 分割会社の商号及び住所（承継会社の場合）
> ● 承継会社の商号及び住所（分割会社の場合）
> ● 分割会社の資産のなかに承継会社の株式が含まれている場合には，その内容（承継会社のみ）

　「20日前までに通知」するという点については，単に会社から発送するだけではなく，「20日前までに株主へ到達している」必要がありますので，余裕をもったスケジュールで株主へ通知を行う必要があります。

　なお，通知の方法は，会社法上，特に規定されていませんので，書面のみならず口頭での通知でも可能です。ただし，後日問題となることを避けるためには，書面での通知を行っておくことが望ましいと考えられます。

(2)　新設分割の場合

　株式買取請求の対象となる株主がいる場合，会社は新設分割計画の承認に係る株主総会決議の日から２週間以内に，対象となる株主に次の事項を通知する

必要があります（会社法806③）。

- ●新設分割をする旨
- ●他の新設分割会社及び新設会社の商号及び住所

---

column	株主の手続き

　株式買取請求を行う株主は，買取りを希望する株式の数（種類株式発行会社の場合には，株式の種類及び種類ごとの数）を会社に伝える必要があります（吸収分割にあっては，効力発生日の20日前の日から効力発生日までの期間，新設分割にあっては，通知を受けた日から20日以内）。

　なお，株式買取請求を行った場合，当該請求を撤回するには会社の承諾が必要となります。また，会社が吸収分割を中止した場合には，株式買取請求はその効力を失います。

4．株式の買取価格

(1) 公正な価格

　株式買取請求が行われた場合，会社は「公正な価格」で株式を買い取ることとなります（会社法785①，797①，806①）。「公正な価格」については，会社法上，明確な規定がなく（下記「公正な価格の考え方」参照），実務上は会社と株主との間で価格決定の協議をします。

　価格決定の協議が調った場合には，会社は，効力発生日から60日以内に株式買取代金を株主に支払うこととなります（会社法786①，798①，807①）。

(2) 協議が調わない場合

　会社と株主との間で，効力発生日から30日以内に株式価格の協議が調わない場合には，その後30日以内に，裁判所へ株式買取価格決定の申立てをすることが認められています（会社法786②，798②，807②）。

| column | 公正な価格の考え方 |

　「公正な価格」については，会社法において具体的な算定方法が定められているわけではありませんが，会社分割により株価に変動が生じた場合には，次のような価格が「公正な価格」となると解されています。

- 会社分割により株価が下落した場合
  - …会社分割がなかったと仮定した場合の価格
- 会社分割によりシナジー効果が生じて株価が上昇した場合
  - …そのシナジーを織り込んだ価格

Q1 -13 | 新株予約権の買取請求制度

新株予約権の買取請求制度について教えてください。

（ポイント）

- 分割会社の新株予約権者のうち，一定の者については，新株予約権の買取請求が認められる。
- 承継会社の新株予約権者には，新株予約権の買取請求は認められていない。

1．分割会社の新株予約権者

(1) 吸収分割の場合

分割会社の新株予約権者のうち，次に掲げる者については，自己が所有する新株予約権を会社で買い取るよう請求することができます（会社法787①）。

---

① 吸収分割に伴い，承継会社の新株予約権の交付を受ける者

② 「吸収分割を行う場合には承継会社の新株予約権の交付を受ける」旨の定めがあるにもかかわらず，承継会社から新株予約権の交付を受けなかった者

---

①の新株予約権者については，自身が所有する新株予約権の内容に変動が生じること，また，②の新株予約権者については，定めがあるにも関わらず当該定めに則った取扱いがなされないことにより，それぞれ不利益が生じるおそれがあることから，このような買取請求が認められています。

(2) 新設分割の場合

分割会社の新株予約権者のうち，次に掲げる者については，自己が所有する新株予約権を会社で買い取るよう請求することができます（会社法808①）。

> ● 新設分割に伴い，新設会社の新株予約権の交付を受ける者
> ● 「新設分割を行う場合には新設会社の新株予約権の交付を受ける」旨の定め
> 　があるにもかかわらず，新設会社から新株予約権の交付を受けなかった者

2. 承継会社の新株予約権者

　承継会社の新株予約権者については，自身が所有する新株予約権の内容について変動は生じないことから，新株予約権の買取請求は認められていません。

3. 買取請求の方法

(1) 吸収分割の場合

　会社は，買取請求の対象となる新株予約権者に，効力発生日の20日前までに，次の事項を通知する必要があります（会社法787③）。

> ● 吸収分割をする旨
> ● 承継会社の商号及び住所

　新株予約権者のうち，買取請求を希望する者については，会社分割の効力発生日の20日前から効力発生日前日までの間に，会社に対し，買取請求を行う必要があります（会社法787⑤）。

　上記以外の事項についても，株式買取請求制度と同様の規定が整備されています（株式買取請求制度の規定については，**Q 1 −12**を参照ください）。

(2) 新設分割の場合

　会社は，新株予約権買取請求の対象となる新株予約権者に，新設分割計画の承認に係る株主総会決議の日から2週間以内に，次の事項を通知する必要があります（会社法808③）。

> - ●新設分割をする旨
> - ●他の新設分割会社及び新設会社の商号及び住所

　新株予約権者のうち，買取請求を希望する者については，上記の通知を受けた日から20日以内に，会社に対し，買取請求を行う必要があります（会社法808⑤）。

　上記以外の事項についても，株式買取請求制度と同様の規定が整備されています（株式買取請求制度の規定については，**Q 1 - 12**を参照ください）。

Q1 -14 公正取引委員会への届出

公正取引委員会への届出について教えてください。

(ポイント)

● 一定規模以上の会社が吸収分割を行う場合，事前に公正取引委員会に届け出る必要がある。

● 届出受理の日から30日を経過する日まで会社分割はできない。

A 吸収分割によって，承継会社が市場を独占して企業間の競争を妨げてしまうような事態を避けるため，事業の全てを分割し，その事業に係る国内売上高が200億円を超える会社と50億円を超える会社の間で行われる場合等には，事前に公正取引委員会に届け出る必要があります（独占禁止法15の2③）。

ただし，会社分割の対象となる会社同士が同一の企業結合集団に属する場合は，届出は不要となります。

なお，この同一の企業結合集団とは法人株主を頂点とする場合を指し，例えば，個人株主を頂点とする兄弟会社間の分割は，同一の企業結合集団に該当しないため届出が必要となります。

会社は届出が受理された日から30日を経過するまで会社分割を行うことができません。ただし，会社分割の禁止期間を短縮する書面を届出会社が提出し，独占禁止法上問題がないことが明らかな場合は禁止期間を短縮することが可能です。

公正取引委員会は，届出を受理した後，会社分割の禁止期間内に審査に必要な報告等を求めた場合，以下のいずれか遅い日までに排除措置を行わない旨の通知または排除措置前の通知をすることになります（独占禁止法15の2④）

● 届出受理後120日を経過した日

● 公正取引委員会が提出を要請した追加報告等を受理した日から90日を経過した日

Q1 -15 金融商品取引法上の届出

金融商品取引法上の届出について教えてください。

(ポイント)

　金融商品取引法の適用を受ける会社が，会社分割を行う場合には，臨時報告書や有価証券届出書を提出する必要がある。

A 有価証券報告書の提出義務がある会社

　有価証券報告書の提出義務がある会社（証券取引所に上場している会社など）が一定以上の影響のある会社分割（以下の①〜④のいずれかに該当する会社分割）を行うことを決定した場合，臨時報告書を提出しなければなりません（金融商品取引法24の5④，企業内容等の開示に関する内閣府令19②七，七の二，十五，十五の二）。

　以下の設例より具体的なケースをみていきます。

＜前提＞

●両会社は，有価証券報告書の提出義務がある会社

① 分割会社または承継会社の資産の額が，直近事業年度末日の純資産額の10％以上増減することが見込まれる場合

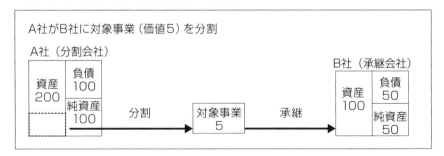

A社がB社に対象事業（価値5）を分割

A社：分割により純資産額95　∴提出義務なし
B社：分割により純資産額55　∴提出義務あり

②　分割会社又は承継会社の売上高が，直近事業年度の売上高の 3 ％以上増減することが見込まれる場合

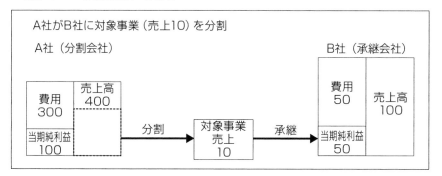

A社：分割により売上高は390　∴提出義務なし
B社：分割により売上高は110　∴提出義務あり

③　提出会社の連結子会社が会社分割を行い，連結会社の資産が，直近の連結会計年度末日の連結純資産額の30％以上増減することが見込まれる場合

④　提出会社の連結子会社が会社分割を行い，連結会社の売上高が，直近の連結会計年度の売上高の10％以上増減することが見込まれる場合

Q1 -16 | 事後開示書面
事後開示書面について教えてください。

ポイント

　分割会社及び承継会社は，一定の期間，分割によって承継した権利義務の内容を記載した書類等を本店に備え置く必要がある（会社法791①②，801②③，811①②，815②③）。

　本店において事後に開示する主な内容は以下のとおりです（会社法施行規則189，201，209，212）。

これらの書類は，株主や債権者その他利害関係者が閲覧することができます。

- ●効力発生日
- ●株主からの会社分割の差止請求に関する事項
- ●株式買取請求・新株予約権買取請求・債権者保護手続きに関する事項
- ●分割会社から承継した重要な権利・義務の情報
- ●変更登記がなされた日
- ●重要な事項

なお，開示する期間はそれぞれ下記のとおりとなります。

分割会社	分割承継会社	
	吸収分割	新設分割
効力発生日後遅滞なく，6ヵ月を経過するときまで	効力発生日後遅滞なく，6ヵ月を経過するときまで	会社成立の日後遅滞なく，6ヵ月を経過するときまで

Q1 -17 | 簡易会社分割，略式会社分割

簡易会社分割，略式会社分割について教えてください。

ポイント

- 簡易会社分割とは，会社分割により承継する資産の額が少ない場合（分割会社）や，対価として交付する株式等の額が少ない場合（分割承継会社）に，株主総会を省略できる会社分割である。
- 略式会社分割とは，分割会社と承継会社の資本関係が90％以上の場合に，支配されている会社の株主総会を省略できる会社分割である。

1．簡易会社分割

　会社分割によって移転する資産が少ない場合や承継する資産が少ない場合には，その分割が分割会社や承継会社に与える影響は軽微なものとなります。

　そのような，会社への影響が軽微な会社分割まで株主総会の承認を求めると，機動的な会社経営ができないため，次の(1)又は(2)の要件を満たす場合には，簡易会社分割として，分割会社又は承継会社の株主総会の承認をそれぞれ省略することができます。

(1)　分割会社

　分割会社が承継会社に承継させる資産の帳簿価額の合計額が，分割会社の「総資産額」の20％以下である場合（会社法784②，805）。

(2)　承継会社

　承継会社が吸収分割の対価として交付する次の(i)～(iii)の合計額が，承継会社の「純資産額」の20％以下である場合（会社法796②）。

(i)	対価として交付する承継会社の株式の数に１株当たり純資産額を乗じた額
(ii)	対価として交付する承継会社の社債，新株予約権又は新株予約権付社債の帳簿価額の合計額
(iii)	対価として交付する(i)(ii)以外の財産の帳簿価額の合計額

(3)　簡易会社分割の例外

　　承継会社は，上記の要件を満たす場合であっても，次のいずれかに該当するときは，株主総会を省略することはできません（株主総会の特別決議が必要です）。

(i)	承継する資産より承継する負債の方が多い債務超過分割の場合（会社法796②但書，795②一）。
(ii)	承継会社が交付する分割対価が，分割により承継する純資産額（承継資産から負債を控除した額）を超える場合（会社法796②但書，795②二）。
(iii)	公開会社（注１）でない承継会社が，分割対価として承継会社の譲渡制限株式を交付する場合（会社法796②但書，①但書）。
(iv)	会社分割に際し一定数以上の株主から反対する通知を受けた場合（注２）（会社法796③，会社法施行規則197①）。

（注１）　公開会社とは，株主がその会社の株式を譲渡する際に，会社の承認が不要な株式のみを発行する会社をいい（会社法２①五），公開会社でない会社とは，いわゆる株式譲渡制限会社をいいます。
　　　　　この取扱いは，公開会社でない会社（株式譲渡制限会社）が第三者に対して新株を発行する場合に，株主総会の特別決議が必要であることと，整合性をとるために設けられていると考えられます。
　　　　　なお，承継会社が公開会社である場合において，対価として承継会社の譲渡制限株式を交付するときは，承継会社の株主総会を省略することはできますが，譲渡制限株式を有する既存株主の種類株主総会による特別決議の承認は必要です（会社法795④）。
（注２）　株主総会で議決権を行使できる株式数（特定株式）に，次の算式で計算した議決権の行使できる株主以上の反対があった場合をいいます。
　　　　　この規定は，株主総会を行えば会社分割の特別決議を否決できる可能性のあるほどの株主からの反対が見込まれる場合には，株主総会を省略できないという趣旨で設けられています。

（特定株式の総数）×（２分の１）×（３分の１）＋１

2．略式会社分割

　分割会社と承継会社の資本関係が90％以上の場合には，株主総会を開催したとしても承認されることが確実であるため，略式会社分割として，支配されている会社の株主総会の手続きを省略することができます（会社法784①，796①）。

(1)　分割会社

　承継会社が分割会社の議決権の90％以上を所有している場合（会社法784①）。

【略式会社分割のイメージ（分割会社の決議が不要な場合）】
　子会社 B 社（分割会社）が，丙事業を親会社である A 社（承継会社）に会社分割。

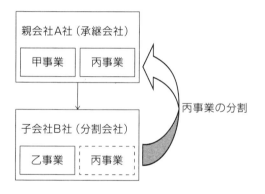

(2) 承継会社

分割会社が承継会社の議決権の90％以上を所有している場合（会社法796①）。

【略式会社分割のイメージ（承継会社の決議が不要な場合）】

　親会社Ａ社（分割会社）が，丙事業を子会社であるＢ社（承継会社）に会社分割。

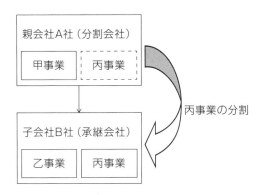

(3) 略式会社分割の例外

　公開会社でない承継会社（株式譲渡制限会社）が，分割の対価として当該承継会社の譲渡制限株式を交付する場合には，「承継会社」の株主総会の決議を省略することはできません（会社法796①但書）。

　なお，承継会社が公開会社である場合において，分割の対価として承継会社の譲渡制限株式を交付するときは，承継会社の株主総会を省略することはできますが，譲渡制限株式を有する既存株主の株主総会（種類株主総会）による特別決議の承認は必要です（会社法795④）。

第3節　会社分割後に必要な手続き

Q1 -18 | 登記手続き
会社分割に係る登記手続きについて教えてください。

(ポイント)

- ● 分割会社及び分割承継会社のいずれの会社も登記手続きを行う必要がある。
- ● 登記申請の際には，分割契約書のほかいくつか添付書類がある。
- ● 登記の際には登録免許税が課せられる。

A

1．登記手続きの概要

　　会社分割をした場合には，分割会社及び分割承継会社は，それぞれ本店所在地において登記申請を行う必要があります（会社法923, 924）。この登記申請は，分割会社と分割承継会社で同時に行う必要がありますので，各会社でそれぞれ申請書を作成した上で，同時に登記所に提出します。

　また，分割会社の本店所在地に係る登記所の管轄区域内に承継会社の本店がないときは，分割会社は，分割承継会社の本店の所在地を管轄する登記所を経由して，提出しなければなりません。

【登記手続きの概要一覧】

		登記の内容	期　限	登記事項
吸収分割	分割会社	変更の登記	効力発生日から2週間以内	分割をした旨並びに商号及び本店
	承継会社			●分割をした旨並びに商号及び本店 ●発行済株式の総数並びにその種類及び種類ごとの数 ●資本金の額 ●吸収分割により変更される登記事項があるときはその事項
新設分割	分割会社	変更の登記	次の日のうちいずれか遅い日から2週間以内 ●分割の承認決議日 ●株式買取請求権の通知，公告をした日から20日を経過した日 ●債権者の異議申立手続き終了日 ●共同新設分割の場合の当事会社の合意日	分割をした旨並びに商号及び本店
	新設会社	設立登記		①設立に係る登記事項 ②分割をした旨並びに商号及び本店

2．登記申請についての添付書類

変更の申請書には以下の書類を添付しなければなりません。

(1) 吸収分割

① 分割会社（商業登記法87）

- 分割会社の代表者の印鑑証明書（分割会社の登記所の管轄区域内に新設会社の本店がある場合は除きます）
- 代理人に委任する場合には，分割会社の委任状

② **承継会社（商業登記法46，85）**

- 分割契約書
- 分割会社及び承継会社の会社分割契約の承認に係る書面（株主総会の議事録）
- 分割会社並びに承継会社の債権者の異議手続きの履行を証する書面及び異議を述べた債権者があるときは，その債権者に対して弁済等したこと又は分割をしても債権者を害するおそれがないことを証する書面
- 資本金の額が，会社法第445条第5項の規定により計上されたことを証する書面（資本金の額が増加した場合に限ります）
  - ※　資本金の額が，会社計算規則第37条，第38条の規定に従って，適法に計上されたことについて記載した書面を作成し，添付します。
- 分割会社の登記事項証明書（その登記所の管轄区域内に承継会社の本店がある場合は除きます）

(2) **新設分割**

① **分割会社（商業登記法87）**

(1)①と同じになります。

② **新設会社（承継法人，商業登記法46，86，商業登記規則61）**

- 新設分割計画書
- 定款（公証人の認証は不要です）
- 株主名簿管理人を置いたときは，その者との契約を証する書面
- 設立時取締役が設立時代表取締役を選定したときは，これに関する書面
- 設立時取締役・設立時監査役及び設立時代表取締役が就任を承諾したことを証する書面並びに設立時取締役（取締役会設置会社の場合には，設立時代表取締役）の印鑑証明書
- 設立時会計参与又は設立時会計監査人を選任したときは，これらの者が就任を承諾したことを証する書面及びこれらの者が法人であるときはその法人の登記事項証明書（新設会社の登記所の管轄区域内にその法人の本店が

ある場合は除きます），又は，これらの者が法人でないときは資格者であることを証する書面

● 資本金の額が会社法第445条第5項の規定により計上されたことを証する書面

　　※　資本金の額が，会社計算規則第49条，第50条及び第51条の規定に従って，適法に計上されたことについて記載した書面を作成し，添付します。

● 分割会社の登記事項証明書（その分割会社の登記所の管轄区域内に新設会社の本店がある場合は除きます）

● 分割会社の新設分割計画の承認に係る書面（株主総会の議事録）

● 分割会社の債権者の異議手続きの履行を証する書面及び異議を述べた債権者があるときは，その債権者に対して弁済等したこと又は分割をしても債権者を害するおそれがないことを証する書面

　　※　債権者の異議手続きの履行を証する書面としては，公告及び個別催告をしたことを証する書面が該当します。この場合における，公告をしたことを証する書面としては，公告を掲載した官報，日刊新聞紙等が該当します。
　　　　また，異議を述べた債権者がある場合には，債権者の異議申立書と債権者作成の弁済受領書等を添付することとなります。

3．登録免許税

　会社分割を行った場合には，分割会社及び承継会社でそれぞれ登録免許税が課されます。

(1)　分割会社

　3万円となります。

(2)　分割承継会社

　資本金が増加しない場合には3万円となります。

　資本金が増加する場合には，増加する資本金の額に1,000分の7の税率を乗じて計算した額となります。なお，計算した金額が3万円に満たないときは，3万円となります。

Q1 -19 | 税務上の届出

会社分割に係る税務上の届出について教えてください。

(ポイント)

　会社分割をした場合には，法人税のみならず，各税目にわたり種々の届出が必要である。

A

1．法人税

　法人税関係の届出のうち，主なものは以下のとおりとなります。なお，下記以外にも，資産を取得した場合の評価方法の届出書等があります。

	提出期限	吸収分割		新設分割	
		分割会社	承継会社	分割会社	新設会社
設立届出	設立登記の日から2月以内				○※
異動届出	遅滞なく	○	○	○	
青色申告承認申請	次の日のうちいずれか早い日の前日 ①設立の日から3月経過日 ②当該事業年度終了日				○

※　以下の書類を添付する必要があります。

- 定款
- 設立の登記事項証明書
- 株主名簿
- 設立趣意書
- 設立時における貸借対照表
- 分割により法人を設立した場合における分割計画書の写し

2．消費税

消費税関係の届出のうち，主なものは以下のとおりとなります。

	提出期限	吸収分割		新設分割	
		分割会社	承継会社	分割会社	新設会社
課税事業者届出書	速やかに		○※1		○※1
消費税の新設法人に該当する旨の届出	速やかに				○※2
消費税異動届出	遅滞なく	○	○	○	
・課税事業者選択届出 ・簡易課税制度選択届出 ・課税期間特例選択変更届出	分割のあった課税期間中		○※3		○※3

※1　分割後に納税義務が生ずる場合に限ります。なお，「相続・合併・分割等があったことにより課税事業者となる場合の付表」を添付する必要があります。

※2　法人設立届出書に消費税の新設法人に該当する旨を記載した場合には提出する必要はありません。

※3　分割のあった課税期間から適用されます。

3．源泉所得税

源泉所得税関係の届出は以下のとおりとなります。

	提出期限	吸収分割		新設分割	
		分割会社	承継会社	分割会社	新設会社
給与支払事務所等の開設・移転・廃止届出	開設，移転又は廃止の事実があった日から1ヵ月以内	○※	○※	○※	○※

※　給与支払事務所等の開設・廃止を行った場合に必要となります。

4．地方税

地方税関係の届出のうち，主なものは以下のとおりとなります。

	提出期限	吸収分割		新設分割	
		分割会社	承継会社	分割会社	新設会社
設立届出	各地方自治体による				○
異動届出		○	○	○	
給与支払報告・特別徴収に係る給与所得者異動届出		○※	○※	○※	○※

※　各地方自治体により取扱いが異なりますのでご留意ください。

column 「直ちに」・「速やかに」・「遅滞なく」の違いは ??

　税法に限らず，法律の条文を読んでいると，「直ちに」・「速やかに」・「遅滞なく」という用語が頻繁に出てきます。それぞれすぐにという意味を持つ言葉ですが，どのように使い分けがされているのでしょうか。ここではその用語の意味について確認します。

⑴　**直ちに**

　「直ちに」は，緊急性が最も高いときに使用される用語で，原則として「遅れることは許されないもの」と解されています。したがって，「直ちに」が使用されている条文は重要性が高いものがほとんどとなっています。

⑵　**速やかに**

　「速やかに」は，「直ちに」よりは緊急性は低いですが，「できる限り早く」という訓示的な意味を持った用語となります。

⑶　**遅滞なく**

　「遅滞なく」は，「速やかに」よりさらに緊急性は低く，「合理的な理由があれば，多少遅れることも許容される。」という意味を持った用語となります。

　以上のとおり，それぞれの用語に具体的期限はありませんが，即時性の度合いは，「直ちに」→「速やかに」→「遅滞なく」という順番になると解されています。ただし，どの用語が使用されていても，最終的には行わなければならないものには変わりありませんので，「すぐに」手続きをとる意識は必要です。

第4節　実務上の論点

Q1 -20 | 債務超過事業の分割

債務超過事業の分割は可能でしょうか？

[ポイント]

　債務超過事業の分割は可能であるが，株主総会で十分説明する必要がある。

A　会社分割は，分割により承継する資産よりも負債の方が大きい債務超過分割も認められます。ただし，承継会社の純資産にマイナスの影響を与えるため，承継会社の株主を保護する観点から，承継会社の取締役は，承継会社の会社分割に係る株主総会でその旨を説明し，承認を受ける必要があります（会社法795②一）。

　また，債務超過事業の分割は，債務超過事業を承継する承継会社の債務弁済能力に影響を与えるため，承継会社に移転される負債に係る債権者及び承継会社の債権者には，特に十分な説明が必要です。

Q1 -21 | 外国の会社との会社分割

外国の会社との会社分割はできるのでしょうか？

(ポイント)

外国の法律によって設立された会社との間では会社分割はできない。

 外国の法律によって設立された会社と，日本の会社との間では会社分割はできません。これはそれぞれの準拠法が異なるからです。

Q1 -22 | 銀行口座の引継ぎ

銀行口座はどのように引き継がれますか？

(ポイント)

　銀行口座が引き継げるかどうか，金融機関への確認が必要である。

A　　会社分割は包括承継であるため，分割契約（又は分割計画）に定めた権利義務は包括的に承継会社に移転しますが，実務上，必ずしもスムーズにいかない手続きもあります。

　例えば，銀行口座の移転手続きについては，分割事業に係る銀行口座番号は取引先に周知されているため，分割後も承継会社で引き続き使用したいところですが，原則的に引き継げないものとなっています。ただし，例外的に引き継げる金融機関もあるため，事前に取引金融機関への確認が必要です。

　また，新設分割の場合には，登記申請後に新会社の登記簿謄本を法務局から取得できるまで1週間～2週間かかることがあります。したがって，新会社の登記簿謄本が取得できるまでの間，新会社は口座開設ができません。その場合，しばらくは銀行口座を持たない会社になりますので，売掛金の入金先を分割当初は案内できないなど事業に影響があります。そのため，口座の引継ぎができない場合には，新設分割でなく，事前に準備会社を設立して，その会社が口座を開設した後に吸収分割を行うという対応も検討する必要があります。

Q1 -23 取引先との既存契約

取引先との既存契約に影響がないでしょうか？

(ポイント)

　取引先との契約書に，会社分割を禁止する条項や違約金の条項が付されていないかどうか確認が必要である。

 　取引基本契約書等の重要な契約書には，組織再編行為を禁止するような条項や，分割事業に係る取引契約の承継会社への移転は無効とする条項が入ったものがあります。

　会社分割は包括承継であるため，分割契約（又は分割計画）に定める権利義務は，契約者の同意がなくても承継会社に移転することになりますが，実務上，取引先との関係が悪化することを避けることや，契約違反としての違約金の支払いがないかどうかの確認のためにも，会社分割を実行する前に取引先に説明を行う必要があります。

Q1 -24 | 許認可事業の注意事項
許認可事業は自動的に引き継がれるでしょうか？

(ポイント)

　　許認可事業を分割する場合には，各許認可の根拠法の確認が必要となる。

 　　会社分割に係る事業が許認可事業である場合には，その許認可を会社分割によって承継会社に引き継げるかどうか，事前に確認が必要です。

　例えば，食品衛生法に基づく飲食店営業の許可は，分割後に事後的に都道府県に届ければ引き継げますが，一方で，道路運送法に基づく一般旅客自動車運送事業の許可については，事前に国土交通大臣の許可を受ける必要があります。したがって，会社分割で包括的に承継できないような許認可事業については，事前に事業を承継する準備会社を設立し，その会社が許認可を受けた上で，その後にその会社を承継会社とする会社分割を行う必要があります。また，許認可が引き継げる事業のうち，会社分割の前に許可が必要な許認可は，その許可に時間がかかるものがあるため，スケジュール等を事前に許認可庁とすりあわせる必要があります。

Q1 -25 不動産を移転した場合の登録免許税等

不動産を移転した場合，登録免許税や不動産取得税が課されますか？

(ポイント)

- ●不動産を分割により移転した場合には，不動産登記に係る登録免許税や不動産取得税が課される。
- ●不動産取得税は，一定の要件を満たす場合には非課税となる。

A 1．登録免許税

会社分割により不動産を承継会社に移転する場合，不動産の移転登記手続きが必要となり，その登記手続きの際に登録免許税が課されます。登録免許税は，固定資産税評価額に2％を乗じて計算します。

2．不動産取得税

(1) 原　則

会社分割により不動産を承継会社に移転する場合，原則として，不動産取得税が課されます。不動産取得税は，固定資産税評価額※に4％を乗じて計算しますが，令和6年3月31日までは，一部，税率が軽減されています（地方税法73の15，地方税法附則11の2，5）。

【不動産取得税の税率】

	～R6/3/31	R6/4/1～
土地※	3.0%	4.0%
家屋（住宅）	3.0%	4.0%
家屋（非住宅）	4.0%	4.0%

※　宅地及び宅地評価された土地の場合には令和6年3月31日まで，固定資産税評価額の2分の1が課税標準額となります。

(2)　非課税

　次の要件を満たす会社分割は，不動産取得税が課税されません（地方税法73の7①二，地方税施行令37の14）。

(i)	分割対価として承継会社の株式以外の資産の交付がないこと
(ii)	（分割型分割の場合には）分割対価を分割会社株主の株式所有割合に応じて交付していること（いわゆる「非按分型分割」でないこと）
(iii)	分割事業に係る主要な資産及び負債が承継会社に移転すること
(iv)	分割事業が承継会社で引き続き営まれる見込みであること
(v)	分割事業に係る従業者の約80%以上が承継会社の業務に従事すること（分割事業以外の事業でも可能）

3．実務上の留意点

　会社分割により固定資産税評価額が高い不動産を移転すると，承継会社は多額の登録免許税や不動産取得税が課される場合があります。

　そのため，事前に移転コストがどの程度必要かシミュレーションし，多額の移転コストが見込まれる場合には，分割資産に納税資金を含めることや，あるいは不動産は移転せず分割会社に残して，分割後は分割会社と承継会社とで不動産を賃貸借する等の検討が必要です。ただし，不動産が分割事業の主要な資産に該当する場合には，不動産の移転の有無が法人税法の適格要件の判定に影響を及ぼすこともあるため，留意が必要です。

　なお，法人税法の適格要件と不動産取得税の非課税要件は類似していますが，

同一ではなく，法人税法では非適格分割に該当しても不動産取得税は非課税となることもありますので，注意が必要です（適格分割等の詳細は「第3章　会社分割の税務」**Q3－1**参照）。

Q1 -26　会社分割と事業譲渡の違い

会社分割と事業譲渡の違いを教えてください。

(ポイント)

- 法律上の位置づけ

  会社分割と事業譲渡は，ともに事業の全部又は一部を他の会社に承継させる会社法上の手続きであるが，会社分割は包括承継の制度として，事業譲渡は個別承継の制度として整理されている。

- 移転事業の対価

  一般的に，会社分割では株式が，事業譲渡では金銭が，事業の対価として利用されることが多い。

- 債権者保護手続き

  会社分割では債権者保護手続きが定められているが，事業譲渡では債権者保護手続きが定められておらず，個々の債権者から承諾を得る必要がある。

- 従業員の異動

  会社分割では，労働契約もそのまま引き継がれるが，事業譲渡は個々の同意を得る必要がある。

1．法律上の位置づけ

　　会社分割と事業譲渡は，ともに事業の全部又は一部を他の会社に承継（譲渡）させる方法として利用されている会社法上の手続きです。

　会社分割は，分割会社の権利・義務を分割承継会社に包括的に承継させる制度として，事業譲渡は，譲渡会社の権利・義務を個別的に承継させる制度としてそれぞれ整理されています。したがって，両制度は実行に至るまでの手続き等についていくつか違いがあります。

２．移転事業の対価

　会社分割の場合の移転事業に対する対価は，会社法で「金銭等」と規定されており，金銭でも分割承継会社の株式でも対価として利用できることとなっています。なお，税務上，適格組織再編に該当するためには，分割承継法人の株式のみを対価として交付する必要があります。

　一方，事業譲渡の場合の移転事業に対する対価は，原則金銭となり，譲受法人の株式を利用することはできません。

３．債権者保護手続き

　会社分割では，会社法において債権者保護手続きが定められています（「第１章第２節　会社分割の手続き」Q１-11参照）ので，債権者保護手続きを適法に行えば，債権者個々の同意を得ずに債務を移転させることができます（会社法789，799）。

　一方，事業譲渡では，会社法において債権者保護手続きが定められていませんので，原則として，譲渡法人が譲受法人とともに債務についての責任を負う重畳的債務引受けの方法により，債務を移転させることとなります。したがって，譲受法人のみが債務の責任を負うようにするためには，個々の債権者から承諾を得る必要があります。

　債権者保護の手続きに要する手間や個々の債権者の同意を得るための手間を総合的に勘案して，どちらを利用するかを検討することが必要です。なお，損害賠償請求権等の偶発債務についても上記と同様の取扱いとなります。

４．従業員の異動

　会社分割では，分割会社の従業員の個別の同意を得ることなく，分割承継会社に異動させることができます（「第１章第２節　会社分割の手続き」Q１-10参照）。

　一方，事業譲渡では，原則として，従業員個々の同意を得て譲受法人に移動させることとなります。

　なお，事業譲渡の場合には，実務上，上記の方法に代えて，いったん譲渡会

社を退職し，新たに譲受会社で新規に採用するという方法がとられることもあります。

第2章

会社分割の会計

第1節　企業結合会計の概要

Q2 -1　企業結合に関する会計基準の概要

「企業結合に関する会計基準」の概要を教えてください。

ポイント

- ●「企業結合に関する会計基準」（以下，結合基準）では，分割した事業を承継する会社の基本的事項が示されている。
- ●「結合基準」において会計処理の方法は，「共同支配企業の形成」，「共通支配下の取引」，「取得」の3つに分類される。

A　1．企業結合に関する会計基準

　「結合基準」において，「企業結合」とは，ある企業（事業）が他の企業（事業）と一つの報告単位に結合することをいいます（結合基準5）。

　会社分割では，事業を分離する企業（分割会社），事業を取得する企業（分割承継会社），各社株主の会計処理が必要となりますが，「結合基準」はこのうち，事業を取得する企業の会計処理を規定しています。また，事業を分離する企業と各社株主の会計処理は，「事業分離等に関する会計基準」においてその基本的事項が規定されています。

　なお，両基準の詳細な事項は，「企業結合会計基準及び事業分離等会計基準に関する適用指針」（以下，適用指針）において示されています。

【参考：基準が対象とする範囲】

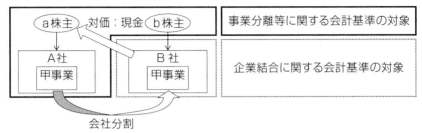

2. 「結合基準」の処理方法

　「結合基準」では，会社分割を「共同支配企業の形成」，「共通支配下の取引」，「取得」の3つに分類しており，それぞれ会計処理が定められています（結合基準11，16，17）。そのため，会社分割が「共同支配企業の形成」，「共通支配下の取引」，「取得」のいずれに該当するかの判断が必要となります（具体的な判断基準及び会計処理は**Q2−2，2−3，2−4**参照）。

【参考：結合基準における会計処理のフローチャート】

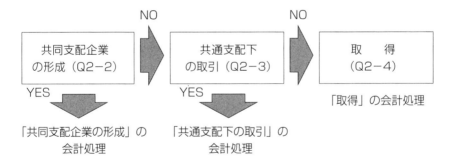

Q2 -2 「共同支配企業の形成」の会計処理

「共同支配企業の形成」に該当する場合の会計処理を教えてください。

(ポイント)

- 「共同支配企業」とは，複数の独立した企業により共同で支配される（いずれの企業にも単独で支配されていない）企業のことをいう。
- 「共同支配企業の形成」とは，共同支配企業を形成する取引をいう。
- 共同支配企業は，共同支配投資企業から承継する資産及び負債について，移転直前に共同支配投資企業において付されていた適正な帳簿価額により計上する。
- 共同支配投資企業が受け取った共同支配企業株式の取得原価は，移転した事業に係る株主資本相当額に基づいて算定する。

A 1．「共同支配企業の形成」の概要

　複数の独立した企業により共同で支配される（いずれの企業にも単独で支配されていない）企業のことを「共同支配企業」といい，当該企業を形成する取引を「共同支配企業の形成」といいます。

　例えば，複数の企業が同時に会社分割による合弁会社を設立し，共同で支配する場合には，「共同支配企業の形成」に該当します。

【共同支配企業の例】

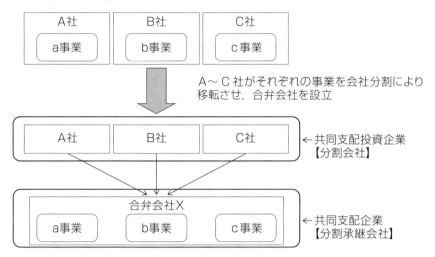

A～C 社がそれぞれの事業を会社分割により
移転させ，合弁会社を設立

2．「共同支配企業の形成」に該当するための要件

　会社分割が「共同支配企業の形成」であると判定されるためには，次の要件をすべて満たす必要があります（適用指針175）。

①　共同支配投資企業となる企業が，複数の独立した企業から構成されていること（独立企業要件）

　⇒例えば，親会社と子会社の2社が会社分割により新会社を設立する場合は，「複数の独立した」という要件を満たさないため，共同支配企業の形成には該当しません（適用指針177）。

②　共同支配となる契約等を締結していること（契約要件）

　⇒契約要件を満たすためには，契約等が文書化されていることが必要となります。また，「共同支配企業の経営方針等の決定について，すべての共同支配投資企業の同意が必要である」などの特定の事項が規定されていなければ，この契約要件を満たすことにはなりません（適用指針178）。

③　企業結合に際して支払われた対価のすべてが，原則として，議決権のある株式であること（対価要件）

⇒ここでいう「議決権のある株式」とは，共同支配企業の経営方針及び財務に係る重要な経営事項に関する議決権を有する株式を意味します（適用指針180，180－2）。

④　支配関係を示す一定の事実が存在しないこと（その他の支配要件）（適用指針181）。

3．「共同支配企業の形成」の会計処理

(1)　共同支配企業（分割承継会社）の会計処理

①　資産及び負債の会計処理

　共同支配企業は，共同支配投資企業から承継する資産及び負債を，移転直前に共同支配投資企業において付されていた適正な帳簿価額により計上します（結合基準38，適用指針192）。ここで，「適正な帳簿価額」とは，一般に公正妥当と認められる企業会計の基準その他の企業会計の慣行を斟酌して算定された帳簿価額のことを指しますので，企業会計の基準等に照らして帳簿価額に誤りがある場合には，その引継ぎに際して修正を行う必要があります。

②　増加資本の会計処理

(イ)　新株を発行した場合

　移転事業に係る株主資本相当額を払込資本として処理します。なお，払込資本の内訳項目（資本金，資本剰余金）は，会社法の規定に基づき新設分割計画等において決定します（適用指針193(1)）。

　また，移転事業に係る評価・換算差額等がある場合には，その評価・換算差額等については，共同支配投資企業の移転直前の適正な帳簿価額をそのまま引き継ぐこととなります（適用指針193(2)）。

＜前提＞

● 移転事業に係る株主資本相当額：1,000

● 新設分割計画において資本金を500，残額を資本準備金

＜仕訳＞

（借）事業	1,000	（貸）資本金	500
		資本準備金	500

　㈡　自己株式を処分した場合

　　移転事業に係る株主資本相当額及び評価・換算差額等から，処分した自己株式の帳簿価額を控除した額を払込資本の増加（差額がマイナスとなる場合にはその他資本剰余金の減少）として会計処理します（適用指針193－2，186⑴）。

＜前提＞

- ●移転事業に係る株主資本相当額：1,500
- ●吸収分割契約において資本金を1,000，残額を資本準備金
- ●自己株式の帳簿価額：200

＜仕訳＞

（借）事業	1,500	（貸）資本金	1,000
		資本準備金	300
		自己株式	200

⑵　共同支配投資企業（分割会社）の会計処理

　共同支配投資企業が受け取った共同支配企業株式の取得原価は，移転した事業に係る株主資本相当額に基づいて算定します（結合基準39，適用指針196）。

＜前提＞

- ●移転する事業の株主資本相当額：1,000
- ●会社分割の対価（共同支配企業の株式）：1,000

＜仕訳＞

（借）共同支配企業株式	1,000	（貸）事業	1,000

Q2 -3 「共通支配下の取引」の会計処理

「共通支配下の取引」に該当する場合の吸収分割承継会社（又は新設分割会社）の会計処理を教えてください。

(ポイント)

- 「共通支配下の取引」とは，分割対象事業と分割承継会社等のすべてが，会社分割の前後で同一の株主により最終的に支配され，かつ，その支配が一時的でないことをいう。
- 会社分割により承継する資産及び負債は，原則として，移転直前に付されていた適正な帳簿価額により計上する。
- 承継した資産及び負債の差額については，純資産として処理する。

A 1．共通支配下の取引の概要

分割対象事業と吸収分割承継会社又は新設分割会社（以下，あわせて「分割承継会社等」という）のすべてが，会社分割の前後で同一の株主により最終的に支配され，かつ，その支配が一時的ではない場合の会社分割のことを，「共通支配下の取引」に該当する会社分割といいます。

例えば，親会社から子会社へ事業を移転したり，兄弟会社間で事業を移転したりする会社分割は，この「共通支配下の取引」に該当することになります。

【共通支配下の取引と取得のイメージ】

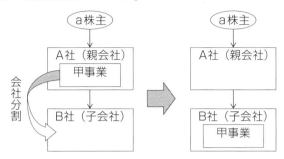

会社分割後も引き続きA社が甲事業を支配
⇒「共通支配下の取引」に該当

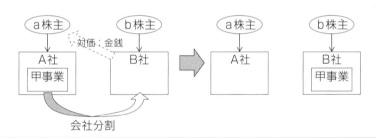

会社分割により甲事業の支配がB社に移転
⇒「取得」に該当

2．共通支配下の取引の会計処理（分割承継会社）

(1)　資産及び負債の会計処理

　共通支配下の取引に該当する場合，会社分割により承継する資産及び負債は，原則として，移転直前に付されていた適正な帳簿価額により計上します（結合基準41）。ここで，「適正な帳簿価額」とは，一般に公正妥当と認められる企業会計の基準その他の企業会計の慣行を斟酌して算定された帳簿価額のことを指しますので，企業会計の基準等に照らして帳簿価額に誤りがある場合には，その引継ぎに際して修正を行うことが必要となります。

(2) 増加資本の会計処理

　承継した資産及び負債の差額は，純資産として処理します（結合基準42）。な
お，純資産の内訳項目については，会社分割の形態ごとに異なります。具体的
な会計処理は，第3節の「共通支配下の取引のケーススタディ」を参照くださ
い。また，分割会社の処理は，「事業分離等に関する会計基準」により，定め
られています（Q2−5参照）。

Q2 -4 | 「取得」の会計処理

取得の会計処理の概要を教えてください。

(ポイント)

- ●「取得」とは，他の企業・事業の支配権を獲得することである。
- ●取得原価の算定方法は，企業結合日の時価に基づいて算定する。
- ●受け入れた資産・負債と支払った対価に差額が発生した場合は，のれん又は負ののれんとして処理する。

1．取得の要件

　「共同支配企業の形成」（Q2－2参照）や「共通支配下の取引」（Q2－3参照）に該当しない企業結合は，「取得」に該当します。

　取得に該当した場合，パーチェス法を適用します。パーチェス法とは簡単に図示すると以下のような計算手続きを行います。

【手続きの流れ】

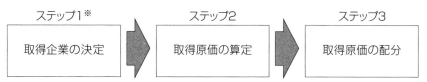

※　事業を分離した会社（分割会社）が取得企業と判断された場合，逆取得に該当します（結合基準18。詳細は **Q2－21**参照）。

2．取得企業の決定方法

　取得とは，他社の支配権を獲得することをいいます。一般的には，分割承継会社が取得企業に該当します（結合基準9）。

【取得の取引のイメージ】

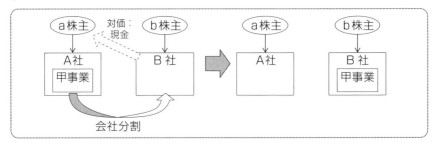

　分割前の甲事業はA社に支配されていますが，会社分割によりその支配がB社に移転しています。このような会社分割では，B社が取得企業となります。

【参考】　取得企業の決定方法

19　主な対価の種類として，現金若しくは他の資産を引き渡す又は負債を引き受けることとなる企業結合の場合には，通常，当該現金若しくは他の資産を引き渡す又は負債を引き受ける企業（結合企業）が取得企業となる。

20　主な対価の種類が株式（出資を含む。以下同じ。）である企業結合の場合には，通常，当該株式を交付する企業（結合企業）が取得企業となる。ただし，必ずしも株式を交付した企業が取得企業にならないとき（逆取得）もあるため，対価の種類が株式である場合の取得企業の決定にあたっては，次のような要素を総合的に勘案しなければならない。

(1)　総体としての株主が占める相対的な議決権比率の大きさ

(2)　最も大きな議決権比率を有する株主の存在

(3)　取締役等を選解任できる株主の存在

(4)　取締役会等の構成

(5)　株式の交換条件

21　結合当事企業のうち，いずれかの企業の相対的な規模（例えば，総資産額，売上高あるいは純利益）が著しく大きい場合には，通常，当該相対的な規模が著しく大きい結合当事企業が取得企業となる。

> 22　結合当事企業が3社以上である場合の取得企業の決定にあたっては，前項に
> 　加えて，いずれの企業がその企業結合を最初に提案したかについても考慮する。
> ※20の(1)〜(5)の詳細については省略
>
> 　　　　　　　　　　　　（企業会計基準第21号「企業結合に関する会計基準」より）

3．取得原価の算定方法

　分割承継会社は，一般的に会社分割により承継する事業に係る対価を，分割会社に支払います。この分割により承継する事業の取得原価は，分割会社に支払う分割対価に，取得に直接要した支出額を加算して算定します。一方で，外部のアドバイザー等に支払った特定の報酬等は，発生時に費用処理します（結合基準26）。

(1)　対価が現金の場合

　対価として支払う現金の額に，取得に直接要した支出額を加算して算定します。

(2)　対価が現金以外の場合（株式を除く）

　対価である財産の時価と取得した事業の時価のうち，より高い信頼性で測定できる時価に，取得に直接要した支出額を加算して算定します（結合基準23）。

(3)　対価を株式とした場合

　次の手順で算定したものに，取得に直接要した支出額を加算して算定します（適用指針38）。

　①　取得した企業の株価に市場価格がある場合は，企業結合日の株価
　②　類似会社比準方式等の合理的な方法によって算定した価額（①に該当する場合を除く）
　③　分割比率を考慮して算定した価額（①及び②に該当する場合を除く）
　④　承継した事業の資産及び負債について，企業結合日の時価を基準に算定した価額（①〜③に該当する場合を除く）

4．取得原価の配分

　分割承継会社は，前記にて算定した取得原価を，取得した事業に係る資産及び負債のうち識別可能なものに対して配分します。

(1)　配分方法

　承継した資産，負債の効力発生日における時価に基づき配分します（結合基準28）。

(2)　のれん

　取得原価が受け入れた資産及び引き受けた負債の時価純資産を超過する場合，その差額をのれんとして資産に計上し，20年以内のその効力が及ぶ期間内で合理的な方法により費用として償却します（結合基準32）。

(3)　負ののれん

　取得原価が受け入れた資産及び引き受けた負債の時価純資産に満たない場合，その差額を負ののれんとして認識し，以下の手続きを行います（結合基準33）。

　①　すべての識別可能な資産及び負債に適切に取得原価が配分されているかどうかを確認。

　②　①の確認を行っても，なお負ののれんが発生している場合には，当年度の利益として計上する。

5．増加資本の会計処理

　会社分割で支払う対価の種類により，増加資本の会計処理方法が異なります。

　資本の増加額（変動額）の内訳は，会社法の規定に基づいて決まります（会社法445⑤，会社法施行規則116，会社計算規則4）。

(1)　新株を交付した場合

　企業結合の対価として，取得企業が新株を発行した場合には，払込資本の増加として処理します。払込資本（資本金又は資本剰余金）の内訳は，会社法の

規定に基づいて決まります（適用指針79，384，385，408，409，会社法445⑤，会社法施行規則116，会社計算規則37）。

＜前提＞

- ●承継する事業の時価純資産：800
- ●分割計画で資本金を500，残額を資本準備金
- ●交付する株式の時価総額：1,000

＜仕訳＞

（借）事業	800	（貸）資本金	500
のれん	200	資本準備金	500

⑵　自己株式を処分（交付）した場合

　企業結合の対価として，取得企業が自己株式を処分した場合（新株発行との併用を含む）には，増加すべき株主資本の額（自己株式の処分対価の額又は自己株式の処分対価と新株発行の額）から処分した自己株式の帳簿価額を控除した額を払込資本の増加とし，その内訳は会社法の規定に基づいて決まります（適用指針80）。

＜前提＞

- ●承継する事業の時価純資産：800
- ●分割契約で資本金を500，残額を資本準備金
- ●自己株式の帳簿価額：200
- ●交付する株式の時価総額：1,000

＜仕訳＞

（借）事業	800	（貸）資本金	500
のれん	200	資本準備金	300
		自己株式	200

⑶　その他の財産を交付した場合

　企業結合の対価として，上記以外の財産を交付した場合，交付した財産の時価と企業結合日前の適正な帳簿価額との差額を損益に計上し，資本に変動は生

じません（適用指針81）。

＜前提＞

- 承継する事業の時価純資産：800
- 対価として交付する土地の帳簿価額：200
- 交付する土地の時価：1,000

＜仕訳＞

（借）事業	800	（貸）土地	200
のれん	200	移転損益	800

第2節　事業分離会計の概要

Q2 -5　事業分離等に関する会計基準の概要

「事業分離等に関する会計基準」の概要を教えてください。

ポイント

- 「事業分離等に関する会計基準」（以下，分離基準）では，分割会社等の基本的事項が規定されている。
- 会社分割を行った場合の分割会社の会計処理は，投資に対する考え方（清算・継続）により，処理が異なる。
- 投資が清算されたと考える場合，移転損益を認識する。
- 投資が継続していると考える場合，移転損益を認識しない。

A

1．投資の清算・継続に関する考え方

　　会社分割を行った場合の分割会社の会計処理は，分割会社からみて移転事業に対する投資が清算されたと考えるか，それとも投資が継続していると考えるかによって，それぞれ処理が異なります。

(1)　投資が清算されたと考える場合

　移転事業に対する投資が清算されたと考える場合，その事業を分割承継会社等に移転したことによって受け取った対価の時価と，移転した事業に係る株主資本相当額との差額を，移転損益として認識します（分離基準10(1)）。

(2)　投資が継続していると考える場合

　移転事業に対する投資が継続していると考える場合，会社分割による移転損益の認識は行われません（分離基準10(2)）。

　この場合，事業を分割承継会社等に移転したことにより受け取る資産の取得原価は，移転した事業に係る株主資本相当額に基づいて算定することになりま

す。

※　各ケースの具体的な会計処理については，Ｑ２−６・２−７以降にて説明します。

Q2 -6 | 分割会社の会計処理（対価：分割承継会社等の株式のみ）

会社分割の対価が分割承継会社等の株式のみである場合における分割会社の会計処理を教えてください。

ポイント

- 分割後において，分割承継会社等が分割会社の子会社又は関連会社になる場合，分割会社は移転事業に係る移転損益は認識せず，対価として取得する分割承継会社等株式の取得原価を，移転した事業に係る株主資本相当額に基づいて算定する。

- 分割後において，分割承継会社等が分割会社の子会社及び関連会社のいずれにも該当しない場合，分割会社は原則として，移転事業に係る移転損益を認識する。

- 分割会社が取得する分割承継会社等の株式（分割後にも子会社又は関連会社に該当しない場合）の取得原価は，①移転事業の時価又は②分割承継会社等の株式の時価のうち，より高い信頼性をもって測定可能な時価に基づいて算定する。

次の設例を基に各ケースごとの分割会社の会計処理をみていきます。

【設例】 会社分割の対価が分割承継会社等の株式のみの場合

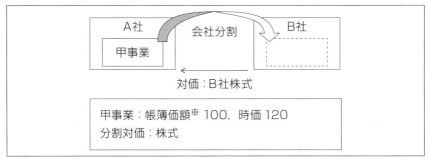

※ 甲事業の帳簿価額純資産額

1．分割後において，分割承継会社等が分割会社の子会社になる場合

　会社分割により移転した事業に係る移転損益は認識せず，分割会社が受け取った分割承継会社株式（子会社株式）の取得原価は，移転した事業に係る株主資本相当額に基づいて算定します（分離基準17～19）。

(借) 子会社株式	100	(貸) 甲事業	100

2．分割後において，分割承継会社等が分割会社の関連会社となる場合

　会社分割により移転した事業に係る移転損益は認識せず，分割会社が受け取った分割承継会社株式（関連会社株式）の取得原価は，移転した事業に係る株主資本相当額に基づいて算定します（分離基準20～22）。

(借) 関連会社株式	100	(貸) 甲事業	100

3．上記1．及び2．以外の場合

　会社分割により移転した事業に係る移転損益を認識します。また，分割承継会社等の株式の取得原価は，①移転事業の時価，又は②分割承継会社等の株式の時価のうち，より高い信頼性をもって測定可能な時価に基づいて算定します（分離基準23）。

（例：甲事業の時価120に基づいて株式の取得原価を算定する場合）

（借）投資有価証券	120	（貸）甲事業	100
		移転損益	20

Q2 -7 | 分割会社の会計処理（対価：現金等のみ）

会社分割の対価が現金等の財産のみである場合における分割会社の会計処理を教えてください。

(ポイント)

- 子会社を分割承継会社等として会社分割を行った場合，分割対価は分割承継会社等において移転前に付されていた適正な帳簿価額により計上する。
- 子会社以外を分割承継会社等として会社分割を行った場合，分割対価は時価により計上する。
- 分割対価の適正な帳簿価額と移転事業に係る株主資本相当額との間に差額が生じる場合には，その差額を移転損益として認識する。

次の設例を基に各ケースごとの分割会社の会計処理をみていきます。

【設例】 会社分割の対価が現金等の財産のみの場合

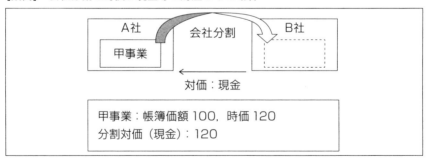

(1) 子会社を分割承継会社等として会社分割を行った場合

B社がA社の子会社である場合には，会社分割によりA社が受け取る分割対価は，分割承継会社等において移転前に付されていた適正な帳簿価額により計

上します。この結果，当該帳簿価額と移転事業に係る株主資本相当額との間に差額が生じることとなる場合には，その差額を移転損益として認識することになります（分離基準14）。

（借）現金	120	（貸）甲事業	100
		移転損益	20

(2)　子会社以外を分割承継会社等として会社分割を行った場合

B社がA社の子会社以外である場合には，会社分割によりA社が受け取る分割対価は，時価により計上します。この結果，当該時価と移転事業に係る株主資本相当額との間に差額が生じることとなる場合には，その差額を移転損益として原則認識することになります（分離基準15，16）。

（借）現金	120	（貸）甲事業	100
		移転損益	20

上記設例では，対価（現金）の帳簿価額と時価が同一であるため，(1)と(2)で行われる会計処理は同一となっています。なお，ケースとしては少ないと思われますが，現金及び株式以外の対価（例えば，土地や建物といった不動産）を交付する場合で，その対価の帳簿価額と時価に乖離があるときは，(1)と(2)のケースで行われる会計処理に以下のような違いが生じます。

＜対価として土地を受け取った場合＞

- 分割承継会社の土地の帳簿価額：120（時価140）
- 分割会社の移転事業の帳簿価額：100

(1)のケース（分割承継会社：子会社）

（借）土地	120	（貸）移転事業	100
		移転損益	20

(2)のケース（分割承継会社：子会社以外）

（借）土地	140	（貸）移転事業	100
		移転損益	40

Q2 -8 分割会社の株主の会計処理

分割型分割により分割承継会社等の株式又は現金等を取得した場合の分割会社の株主における会計処理を教えてください。

ポイント

- 分割会社の株主に会計処理が必要な場合は，分割型分割の場合のみである。
- 分割会社の株主における会計処理は，分割会社の会計処理と同様に，投資の清算・継続の観点から，それぞれ異なる会計処理を行う。
- 投資が清算されたと考える場合，交換損益を認識する。この場合，分割承継会社株式等の取得価額は，移転した事業の時価相当額で算定する。
- 投資が継続していると考える場合（子会社又は関連会社関係が継続），交換損益を認識しない。この場合の分割承継会社株式の取得価額は，移転した事業の株主資本相当額で算定する。

下記の設例により解説します。

分割型分割が行われた場合の分割会社の株主における会計処理は，分割会社の会計処理（**Q2－5**参照）と同様に，投資の清算・継続の観点からそれぞれ異なる処理を行います（分離基準32）。

【投資の清算と継続のイメージ（分割型分割）】
［投資の清算］

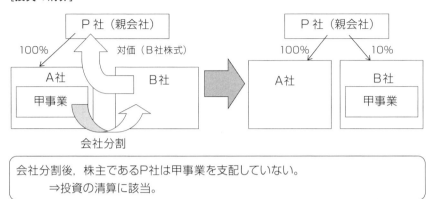

会社分割後，株主であるP社は甲事業を支配していない。
　　⇒投資の清算に該当。

［投資の継続］

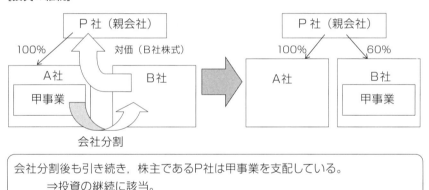

会社分割後も引き続き，株主であるP社は甲事業を支配している。
　　⇒投資の継続に該当。

1．投資が清算されるケース

　分割後に分割承継会社が分割会社の株主へ分割承継会社株式等を交付する場合で投資が清算されているとみなされるときは，分割会社の株主は交換損益を認識します（分離基準32(1)）。

【分割前後において分割承継会社が子会社及び関連会社に該当しない場合】

分割後に分割会社が分割会社の株主へ現金を交付する場合，分割会社の株主は投資が清算されているとみなされるため，分割会社の株主は交換損益を認識します（分離基準32(1)）。

＜前提＞

- ●分割前（分割会社：子会社，分割承継会社：第三者）
- ●分割後（分割会社：子会社，分割承継会社：第三者）
- ●株主の分割会社株式の帳簿価額　：3,500
- ●分割会社の株主資本相当額：4,000
- ●分割事業の株主資本相当額：800
- ●会社分割の対価（現金）　：800

| （借）現金 | 800 | （貸）子会社株式（分割会社株式） | 700 |
| | | 交換損益 | 100 |

分割した事業の株主資本相当額（800）は，分割会社全体の株主資本相当額（4,000）の20％です。よって，分割会社の株主が交換した分割会社株式（子会社株式）の取得原価は700（3,500×20％）になります。

会社分割により投資が継続されているとみなされる場合，又は投資が清算されているとみなされる場合にはさまざまなケースが想定されます。そのため，下記表により投資が継続されるのか，又は清算されるのかを検討ください。

【参考】投資の継続・清算の判定

分割会社	分割承継会社	投資の継続・清算の判定
子会社	子会社又は関連会社	継続
子会社	その他投資有価証券	清算
関連会社	子会社又は関連会社	継続
関連会社	その他投資有価証券	清算
その他投資有価証券	子会社又は関連会社	継続
その他投資有価証券	その他投資有価証券	継続

２．投資が継続されるケース

　分割後に分割会社が分割会社の株主へ分割承継会社株式を交付する場合で投資が継続されているとみなされるときは，交換損益は認識しません。分割会社の株主が受け取った分割承継会社株式の取得原価は，分割した事業に対応する分割会社株式の適正な帳簿価額に基づいて算定します（分離基準32⑵）。

⑴　分割後に分割承継会社等が分割会社の株主の子会社となる場合

　分割会社の株主は，会社分割により移転した事業に係る交換損益を認識しません。分割会社の株主が受け取った分割承継会社株式（子会社株式）の取得原価は，分割した事業に係る分割会社株式の適正な帳簿価額に基づいて算定します（適用指針273⑴）。

＜前提＞

- ●分割前（分割会社：子会社，分割承継会社：第三者）
- ●分割後（分割会社：子会社，分割承継会社：子会社）
- ●株主の分割会社株式の帳簿価額　　：3,500
- ●分割会社の株主資本相当額：4,000
- ●分割事業の株主資本相当額：800

（借）子会社株式（承継会社株式）	700	（貸）子会社株式（分割会社株式）	700

　分割した事業の株主資本相当額（800）は，分割会社の株主資本相当額（4,000）の20％です。よって，分割会社の株主が受け取った分割承継会社株式（子会社株式）の取得原価は，分割した事業に対応する分割会社株式（子会社株式）の帳簿価額700（3,500×20％）になります。

⑵　分割後に分割承継会社等が分割会社の株主の関連会社となる場合

　分割会社の株主は会社分割により移転した事業に係る交換損益を認識しません。分割会社の株主が受け取った分割承継会社株式（関係会社株式）の取得原価は，分割した事業に係る分割会社株式の適正な帳簿価額に基づいて算定します（適用指針294）。

＜前提＞

- 分割前（分割会社：子会社，分割承継会社：第三者）
- 分割後（分割会社：子会社，分割承継会社：関連会社）
- 株主の分割会社株式の帳簿価額　：3,500
- 分割会社の株主資本相当額：4,000
- 分割事業の株主資本相当額：400

（借）関連会社株式（承継会社株式）　350	（貸）子会社株式（分割会社株式）　350

　分割した事業の株主資本相当額（400）は，分割会社の株主資本相当額（4,000）の10％です。よって，分割会社の株主が受け取った分割承継会社株式（関連会社株式）の取得原価は，分割した事業に対応する分割会社株式（子会社株式）の帳簿価額350（3,500×10％）になります。

第3節　共通支配下の取引のケーススタディ

Q2 -9　単独新設分割（分社型分割）の会計処理

単独新設分割（分社型分割）が行われた場合の会計処理を教えてください。

ポイント

- 単独新設分割は「共通支配下の取引」に該当する。
- 単独新設分割（分社型分割）が行われた場合，親会社が子会社に事業を移転する会社分割（分社型分割）と同様の会計処理を行う。
- 新設会社（子会社）は，承継した資産及び負債を移転直前に付されていた適正な帳簿価額により計上し，承継した事業に係る株主資本相当額を払込資本として処理する。
- 分割会社（親会社）は，新設会社（子会社）から取得した株式の取得原価を，分割した事業の適正な株主資本相当額と考える。

下記の設例により解説します。

＜前提＞

- A社は甲事業（帳簿価額：100　時価：120）を新設分割
- 新規に設立されたB社は，会社分割の対価としてB社株式を発行
- 新設分割計画において全額資本金とする

【設例】単独の新設分社型の会社分割で対価が株式の場合

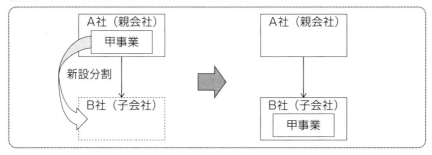

1．親会社（A社）の会計処理

(借) B社株式	100	(貸) 甲事業	100

　甲事業に係る移転損益は認識せず，A社が取得したB社株式の取得原価は，移転した甲事業に係る株主資本相当額に基づいて算定します（適用指針260，226）。

2．子会社（B社）の会計処理

(借) 甲事業	100	(貸) 資本金	100

⑴　資産及び負債（甲事業）の会計処理

　取得した甲事業は，A社において移転直前に付されていた適正な帳簿価額により計上します（適用指針261，227）。

⑵　増加資本に係る会計処理

　甲事業に係る株主資本相当額を払込資本（資本金又は資本剰余金）として処理します。なお，払込資本の内訳項目（資本金，資本準備金又はその他資本剰余金）は，会社法の規定に基づき決定します。今回の設例では，前提より，全額を資本金に計上します（適用指針261，227）。

column 　会社分割が連結財務諸表へ与える影響

1．分割会社と承継会社の連結財務諸表上の会計処理の概要

　連結財務諸表を作成しなければならない会社では，個別財務諸表上の処理に加えて，「連結財務諸表上の会計処理」を行う必要があります。

【個別財務諸表と連結財務諸表のイメージ】

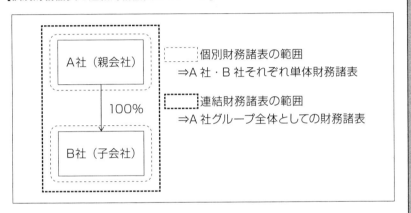

　例えば，上図のA社からB社へ会社分割を行った場合，A社・B社をそれぞれ単体でみると，事業の切り出し（A社），事業の受入れ（B社）が行われたことになりますが，A社グループ（A社及びB社）としてみた場合には，グループ内で事業が移転したにすぎず，グループ全体としては変動がないこととなります。

　このような場合，A社及びB社が個別財務諸表上で行った会計処理について，連結財務諸表上で相殺消去する処理が行われます。

２．非支配株主に係る会計処理の概要

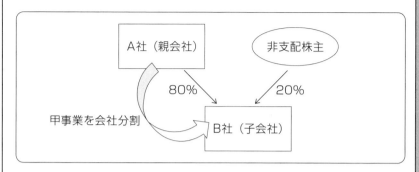

　会社分割前においては，A社が単独で甲事業を営んでいますが，会社分割後は，非支配株主も甲事業を一部支配することになります。そのため，連結財務諸表上の会計処理においては，非支配株主が支配していると考えられる甲事業の持分を，「非支配株主持分」として計上することになります。

Q2 -10 | 単独新設分割（分割型分割）の会計処理

単独新設分割（分割型分割）が行われた場合の会計処理を教えてください。

(ポイント)

- 単独新設分割は「共通支配下の取引」に該当する。
- 単独新設分割（分割型分割）が行われた場合，親会社が子会社に事業を移転する会社分割（分割型分割）と同様の会計処理を行う。
- 新設会社（子会社）は，承継した資産及び負債を移転直前に付されていた適正な帳簿価額により計上し，承継した事業に係る株主資本相当額を払込資本として処理する。
- 分割会社（親会社）は，新設会社（子会社）から取得した株式の取得原価を，分割した事業の適正な株主資本相当額と考える。
- 分割会社（親会社）は新設会社株式を株主へ現物配当する。

次の設例を基に各社の会計処理をみていきます。

＜前提＞

- A社は甲事業（帳簿価額：100　時価：120）を新設分割
- 新規に設立されたB社は，会社分割の対価としてB社株式を発行
- 新設分割計画において，全額資本金
- 現物配当における配当原資は，その他資本剰余金

【設例】単独の新設分割型の会社分割で対価が株式の場合

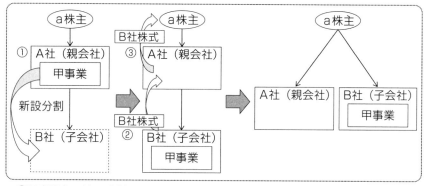

①甲事業をB社へ分割
②B社は分割対価としてA社へ株式を発行
③A社は分割の対価（B社株式）をa株主へ配当

1．親会社（A社）の会計処理

A社は，①分社型の会社分割，②会社分割により引き受けたB社株式をa株主へ現物配当，という2段階の会計処理を行うことになります（適用指針263，233）。

(1) 分社型の会社分割に係る会計処理

（借）B社株式	100	（貸）甲事業	100

甲事業に係る移転損益は認識せず，A社が取得したB社株式の取得原価は，移転した甲事業に係る株主資本相当額に基づいて算定します（適用指針263，233，226）。

(2) 現物配当に係る会計処理

（借）その他資本剰余金	100	（貸）B社株式	100

A社は，受け取ったB社株式の取得原価に基づき，株主資本を減少させます。なお，減少させる株主資本の内訳は，取締役会等の会社の意思決定機関におい

て定められた額とします。今回の設例では，前提より，配当原資はすべてその他資本剰余金とします（適用指針233，263）。

2．子会社（B社）の会計処理

(1)　資産及び負債（甲事業）の会計処理

　取得した甲事業については，A社において移転直前に付されていた適正な帳簿価額により計上されることになります（適用指針264，234）。

(2)　増加資本に係る会計処理

　甲事業に係る株主資本相当額を払込資本（資本金又は資本剰余金）として処理します。なお，払込資本の内訳項目（資本金，資本準備金又はその他資本剰余金）は，会社法の規定に基づき決定します（適用指針234，264，会社計算規則49）。

　ただし，受け入れた資産及び負債の対価としてB社の株式のみを交付している場合には，親会社で計上されていた株主資本の内訳を適切に配分した額をもって計上することができます（適用指針234，264，会社計算規則50）。

　今回の設例では，前提より，全額を資本金に計上します。

| (借) 甲事業 | 100 | (貸) 資本金 | 100 |

Q2 -11 | 親会社から子会社への会社分割（分社型分割）の会計処理（対価：株式）

親会社から子会社へ分社型分割の会社分割（対価：株式）を行った場合の会計処理を教えてください。

（ポイント）

- 親会社から子会社への分割は「共通支配下の取引」に該当する。
- 分割会社（親会社）は取得した子会社株式の取得原価を，分割した事業の適正な株主資本相当額と考える。
- 分割承継会社（子会社）は承継した資産及び負債を，分割会社において移転直前に付されていた適正な帳簿価額により計上する。
- 連結財務諸表上，分割会社（親会社）は分割承継会社（子会社）の持分比率が増加するため，子会社株式の追加取得と考える。
- 連結財務諸表上，分割会社（親会社）は今まで単独で営んできた甲事業を分割承継会社（子会社）に分割したため，甲事業に対する影響力が低下したと考える。

次の設例を基に会計処理をみていきます。

＜前提＞

- A社が×1年3月31日に300出資しB社株式を60%保有
- B社の×1年4月1日から×2年3月31日までの純利益は500
- ×2年4月1日，A社（親会社）は甲事業を分割（帳簿価額：900，時価：1,100）
- ×2年3月31日，（会社分割直前の）B社（子会社）の事業価値は1,100
- B社は会社分割の対価として100株のB社株式を発行（1株当たりの時価：11）

- A社は会社分割によりB社株式を80%保有
- 会社分割前のB社の発行済株式は100。A社が60株，C社が40株保有
- 吸収分割契約において全額資本剰余金に計上

【設例】親会社から子会社への分社型分割で対価が株式の場合

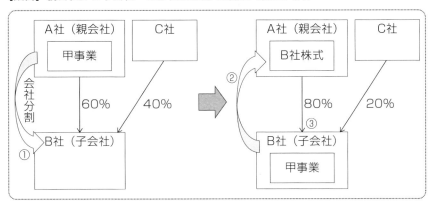

①甲事業をB社へ分割
②B社は分割対価としてA社へ株式を発行
③B社株式を取得したことにより，B社への影響力が変動

【×2年3月31日（分割直前）のA社の貸借対照表】

（借）諸資産	1,200	（貸）資本金	1,000
甲事業	900	繰越利益剰余金	1,400
子会社株式（B社株式）	300		

【×2年3月31日（分割直前）のB社の貸借対照表】

（借）諸資産	1,000	（貸）資本金	500
		繰越利益剰余金	500

【分割前の連結貸借対照表】

（借）諸資産※1	2,200	（貸）資本金※2	1,000
甲事業※1	900	繰越利益剰余金※3	1,700
		非支配株主持分※4	400

※1　A社とB社の合計額。

※2　A社の資本金の額（B社の資本金の60％はA社の株式と相殺，40％は非支配株主持分へ振替え）。

※3　A社の利益剰余金の額とB社の当期純利益のうち，A社持分（60％）に相当する割合を乗じた額（500×60％＝300）の合計。

※4　B社の個別貸借対照表にC社持分（40％）を乗じた額（1,000×40％）。

＜分割時の仕訳＞

- B社はA社（親会社）から甲事業を分割により承継する対価として新株100株を発行します（会社分割時におけるB社の株価は1株当たり11）。
- A社のB社に対する影響力が60％から80％に増加します。
- B社は新株発行により増加する払込資本の内訳を全額資本剰余金に計上します。

① A社

（借）B社株式（子会社株式）	900	（借）甲事業	900

甲事業の株主資本相当額がB社株式の取得原価になります（適用指針226）。

② B社

（借）甲事業	900	（借）資本剰余金	900

B社が承継する甲事業は，適正な帳簿価額により計上します（適用指針227）。

【分割後の連結財務諸表】

（借）諸資産※1	2,200	（貸）資本金※2	1,000
甲事業※1	900	資本剰余金※3	20
		繰越利益剰余金※4	1,700
		非支配株主持分※5	380

※1　A社とB社の合計額。

※2　A社の資本金の額。

※3　(1)−(2)　200−180＝20

　　　　(1)B社に係るA社持分の増加額200

　　　　　　B社の分割直前の株主資本相当額×A社追加取得持分（1,000×20％）

　　　　(2)移転した甲事業に係るA社持分の減少額180

　　　　　甲事業の株主資本相当額×A 社持分減少分（900×20%）
※ 4　(1)+(2)　1,400 + 300 = 1,700
　　　　(1) A 社の利益剰余金の額　1,400
　　　　(2) B 社の当期純利益のうち A 社の持分相当額　500×60% = 300
※ 5　B 社の株主資本相当額×非支配株主持分　1,900×20% = 380

Q2-12 親会社から子会社への会社分割（分社型分割）の会計処理（対価：現金）

親会社から子会社へ分社型の会社分割（分社型分割）（対価：現金）を行った場合の会計処理を教えてください。

ポイント

- 親会社から子会社への分割は「共通支配下の取引」に該当する。
- 分割承継会社（子会社）は承継した資産及び負債を，分割会社において移転前に付されていた適正な帳簿価額に計上する。
- 分割会社（親会社）は分割対価（現金）と分割事業に係る株主資本相当額とに差額が生じる場合には，その差額を移転損益として原則認識する。
- 連結財務諸表上，分割会社（親会社）は分割承継会社（子会社）の持分比率に変更がないため，追加取得の処理は行わない。
- 連結財務諸表上，分割会社（親会社）は今まで単独で営んできた甲事業を分割承継会社（子会社）に分割するが，甲事業に対する影響力の低下に見合った対価（現金）を受け取るため，持分変動差額の処理は行わない。

次の設例を基に会計処理をみていきます。

＜前提＞

- A社が×1年3月31日に400出資しB社株式を80％保有
- B社の×1年4月1日から×2年3月31日までの純利益は100
- ×2年4月1日，A社は甲事業（株主資本相当額：400，時価500）を分割
- B社は会社分割の対価として現金を交付（現金：500）

【設例】親会社から子会社への分社型分割で対価が現金の場合

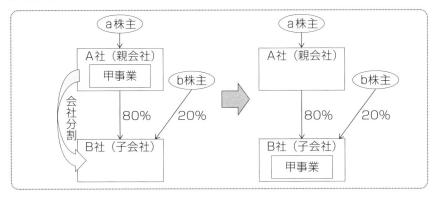

　※　対価は現金なので資本構成に変化なし。

【×2年3月31日（分割直前）のA社の貸借対照表】

(借) 諸資産	1,200	(貸) 資本金	1,000
甲事業	400	繰越利益剰余金	1,000
子会社株式（B社株式）	400		

【×2年3月31日（分割直前）のB社の貸借対照表】

| (借) 諸資産（現金） | 600 | (貸) 資本金 | 500 |
| | | 繰越利益剰余金 | 100 |

【分割前の連結貸借対照表】

(借) 諸資産※1	1,800	(貸) 資本金※2	1,000
甲事業※1	400	繰越利益剰余金※3	1,080
		非支配株主持分※4	120

※1　A社とB社の合計額。

※2　A社の資本金の額。

※3　A社の繰越利益剰余金（1,000）と支配獲得後にB社から生じた利益のうち，A社に帰属する額（100×80％＝80）の合計。

※4　B社の貸借対照表の純資産額に，A社の持分以外の割合を乗じた額（600×20％＝120）。

＜分割時の仕訳＞

① A社（個別財務諸表）

| (借) 諸資産（現金） | 500 | (貸) 甲事業 | 400 |
| | | 移転利益 | 100 |

（適用指針95，223）

② B社（個別財務諸表）

| (借) 甲事業 | 400 | (貸) 諸資産（現金） | 500 |
| のれん | 100 | | |

（適用指針95，224）

【移転損益の修正仕訳】

● 連結上はA社とB社の内部取引なので，連結内での事業の移転はなかった ものと考えます。

| (借) 移転利益 | 100 | (貸) のれん | 100 |

【分割後の連結貸借対照表】

(借) 諸資産	1,800	(貸) 資本金	1,000
甲事業	400	繰越利益剰余金	1,080
		非支配株主持分	120

※ 分割前の連結貸借対照表と同じです。

Q2 -13 | 親会社から子会社への会社分割（分社型分割）の会計処理（対価：なし）

親会社から子会社へ分社型の会社分割（分社型分割）（対価：なし）を行った場合の会計処理を教えてください。

(ポイント)

- 親会社から子会社への分割は「共通支配下の取引」に該当する。
- 無対価で会社分割が行われた場合，分割型分割に準じて会計処理を行う。
- 分割承継会社（子会社）は承継した資産及び負債を，分割会社において移転直前に付されていた適正な帳簿価額により計上する。
- 分割会社（親会社）は分割対価と株主資本相当額とに差額が生じないため，移転損益が生じない。
- 連結財務諸表上，分割会社（親会社）は分割承継会社（子会社）の持分比率に変更がないため，追加取得の処理は行わない。
- 連結財務諸表上，分割会社（親会社）は今まで単独で営んできた甲事業を分割承継会社（子会社）に分割するが，甲事業に対する影響力に変更がないため，持分変動差額の処理は行わない。

A

次の設例を基に会計処理をみていきます。

＜前提＞

- A社が×1年3月31日に400出資しB社株式を100%保有
- B社の×1年4月1日から×2年3月31日までの純利益は100
- ×2年4月1日，A社（親会社）は甲事業を分割（帳簿価額：400，時価：500）
- B社は会社分割の対価を交付しない

【設例】親会社から子会社への分社型分割で無対価の場合

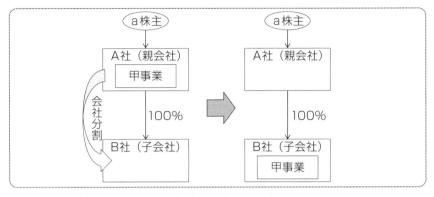

※　対価を交付しないので，資本構成に変更はありません。

　無対価で会社分割は，一般的に100％支配関係のある会社間で行われます。グループ内部で資産や事業が移転した場合，会社単体でみると財務諸表に影響がありますが，グループ全体でみれば内部の取引であり，連結財務諸表への影響はありません。

【×2年3月31日（分割直前）のA社の貸借対照表】

（借）諸資産	1,200	（貸）資本金	1,000
甲事業	400	資本準備金	400
子会社株式（B社株式）	400	利益準備金	200
		繰越利益剰余金	400

【×2年3月31日（分割直前）のB社の貸借対照表】

（借）諸資産	500	（貸）資本金	400
		繰越利益剰余金	100

【分割前の連結貸借対照表】

（借）諸資産[※1]	1,700	（貸）資本金[※2]	1,000
甲事業[※1]	400	資本準備金[※2]	400
		利益準備金[※2]	200
		繰越利益剰余金[※3]	500

※1　A社とB社の合計額。

※2　A社の資本金，資本準備金及び利益準備金の額。

※3　A社の繰越利益剰余金（400）と支配獲得後にB社から生じた利益のうち，A社に帰属する額（100）の合計。

＜分割時の仕訳＞

① A社

（借）B社株式	400	（貸）甲事業	400
繰越利益剰余金	400	B社株式	400

　親会社が取得したとみなす子会社株式は移転事業に係る株主資本相当額に基づいて計上し，減少させる株主資本の内訳は取締役会決議で決定します（適用指針203－2，233，226，446）。

　会社分割が無対価で行われた場合，親会社は分割型の会社分割による処理方法（分割した対価の受け取り＋受け取った対価を株主に配当する考え方）に準じて処理することになります（適用指針203－2）。無対価の場合，親会社の株主資本が変動する点に留意が必要です。

② B社

（借）甲事業	400	（貸）繰越利益剰余金	400

　甲事業の資本構成をそのまま引き継ぎます。

　ただし，B社では株式を発行していないため資本金，資本準備金を引き継ぐことは妥当ではなく，利益剰余金で引き継ぐことになります（適用指針203－2⑵①，234，会社計算規則38②）。

【分割後の連結貸借対照表】

（借）諸資産	1,700	（貸）資本金	1,000
甲事業	400	資本準備金	400
		利益準備金	200
		繰越利益剰余金	500

※　分割前の連結貸借対照表と同様です。

Q2 -14 | 子会社から親会社への会社分割（分社型分割）の会計処理（対価：現金）

子会社が親会社へ分社型の会社分割（対価：現金）を行った場合の会計処理を教えてください。

（ポイント）

- 子会社からの親会社への分割は「共通支配下の取引」に該当する。
- 分割承継会社（親会社）は承継した資産及び負債を，分割会社において移転直前に付されていた適正な帳簿価額により計上する。
- 分割会社（子会社）は取得した親会社の株式の取得原価を分割した事業の適正な株主資本相当額と考える。

次の設例を基に会計処理をみていきます。

＜前提＞

- A社が×1年3月31日に400出資しB社を80%保有
- B社の×1年4月1日から×2年3月31日までの純利益は100
- ×2年4月1日，B社は甲事業（帳簿価額：400，時価：500）を分割
- A社（親会社）は対価として現金を交付（帳簿価額：500，時価：500）

【設例】子会社から親会社への分社型分割で対価が現金の場合

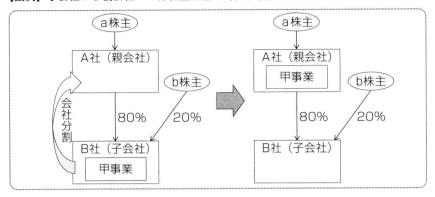

※　対価は現金のため，資本構成に変更はありません。

【×2年3月31日（分割直前）のA社の貸借対照表】

（借）諸資産	1,200	（貸）資本金	800
B社株式	400	繰越利益剰余金	800

【×2年3月31日（分割直前）のB社の貸借対照表】

（借）諸資産	200	（貸）資本金	500
甲事業	400	繰越利益剰余金	100

【分割前の連結貸借対照表】

（借）諸資産[※1]	1,400	（貸）資本金[※2]	800
甲事業[※1]	400	繰越利益剰余金[※3]	880
		非支配株主持分[※4]	120

※1　A社とB社の合計額。

※2　A社の資本金。

※3　A社の繰越利益剰余金（800）と支配獲得後にB社から生じた利益のうち，A社に帰属する額（100×80％＝80）の合計。

※4　B社の貸借対照表の純資産額にA社の持分以外の割合を乗じる（600×20％＝120）。

＜分割時の仕訳＞

①　A社

| （借）甲事業 | 400 | （貸）諸資産（現金） | 500 |
| のれん | 100 | | |

（結合基準31，41）

②　B社

| （借）現金 | 500 | （貸）甲事業 | 400 |
| | | 移転利益 | 100 |

（分離基準32(1)）

【移転損益の修正仕訳】

● 連結上はA社とB社の内部取引なので，連結内での事業の移転はなかった
ものと考えます。

| （借）移転利益 | 100 | （貸）のれん | 100 |

【分割後の連結貸借対照表】

（借）諸資産	1,400	（貸）資本金	800
甲事業	400	繰越利益剰余金	880
		非支配株主持分	120

※　分割前の連結財務諸表と同じです。

Q2 -15 | 子会社から親会社への会社分割の会計処理（対価：なし）

子会社から親会社への会社分割（対価：なし）を行った場合の処理を教えてください。

ポイント

- 子会社からの親会社への分割は，「共通支配下の取引」に該当する。
- 無対価で会社分割が行われた場合，分割型分割に準じて会計処理を行う。
- 分割承継会社（親会社）は承継した資産及び負債を，分割会社において移転直前に付されていた適正な帳簿価額により計上する。
- 分割承継会社（親会社）は，所有している子会社株式と分割会社（子会社）から承継した資産及び負債が引き換えられたとみなして，子会社株式の帳簿価額を減少する。
- 分割承継会社（親会社）は，承継した資産及び負債の差額と減少する子会社株式とに差額が生じた場合，抱合株式消滅差損益として処理する。
- 分割会社（子会社）は，取得した親会社株式の取得原価を分割した事業の適正な株主資本相当額と考える。

下記の設例により説明します。

＜前提＞

- A社が×1年3月31日に400出資しB社を100%保有
- B社の×1年4月1日から×2年3月31日までの純利益は100
- ×2年4月1日，B社は甲事業（帳簿価額：500，時価：600）を分割
- A社は会社分割の対価を交付しない

【設例】子会社から親会社への会社分割（無対価）

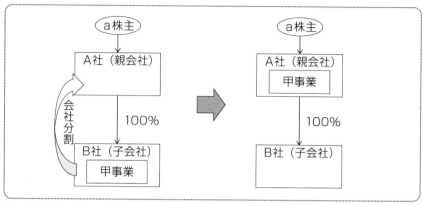

※　無対価のため，資本構成に変更はありません。

【×2年3月31日（分割直前）のA社の貸借対照表】

| (借) 諸資産 | 1,200 | (貸) 資本金 | 1,000 |
| B社株式 | 400 | 繰越利益剰余金 | 600 |

【×2年3月31日（分割直前）のB社の貸借対照表】

| (借) 諸資産 | 500 | (貸) 資本金 | 400 |
| 甲事業 | 500 | 繰越利益剰余金 | 600 |

【分割前の連結貸借対照表】

| (借) 諸資産※1 | 1,700 | (貸) 資本金※2 | 1,000 |
| 甲事業※1 | 500 | 繰越利益剰余金※3 | 1,200 |

※1　A社とB社の合計額。

※2　A社の資本金。

※3　A社の繰越利益剰余金（600）と支配獲得後にB社から生じた利益のうち，A社に帰属する額（600）の合計。

<分割時の仕訳>

①　A社

| (借) 甲事業 | 500 | (貸) B社株式 | 200 |
| | | 抱合株式消滅差益※ | 300 |

※　抱合株式消滅差益とは，分割会社から承継した事業（甲事業）と承継した事業に対応して減少させる分割会社株式（B社株式）との差額をいいます。

　親会社は分割型分割に準じた方法で会計処理を行います。親会社は適正な帳簿価額により事業を計上します（適用指針203−2，218）。また，受け入れた甲事業に見合ったB社の適正な帳簿価額を減額させる処理を行います（適用指針219）。B社株式の帳簿価額の減少額を決める方法は，①関連する時価の比率で按分する方法，②時価総額の比率で按分する方法，③関連する帳簿価額で按分する方法，がありますが，今回は③で算定しています。

　　B社株式減少額
　　　　$400 \times 500 / 1,000 = 200$
　　（B社株式の帳簿価額×甲事業の簿価／B社の株主資本相当額）

　会社分割が無対価で行われた場合，親会社は分割型の会社分割による処理方法（分割した対価の受け取り＋受け取った対価を株主に配当する考え方）に準じて処理することになります（適用指針203−2）。
　対価を受け取らない場合，親会社の個別上損益が認識されることになります。
②　B社

（借）A社株式	500	（貸）甲事業	500
繰越利益剰余金	500	A社株式	500

　取得したとみなされる親会社株式は，移転した事業の株主資本相当額に基づいて算定します。また，減額させる株主資本の内訳は，取締役会の意思決定において決めます（適用指針203−2，221，226）。

【分割後の連結貸借対照表】

（借）諸資産	1,700	（貸）資本金	1,000
甲事業	500	繰越利益剰余金	1,200

※　分割前の連結貸借対照表と同じです。

Q2 -16 | 子会社から他の子会社への会社分割（分社型分割）の会計処理（対価：株式）

子会社から他の子会社へ分社型の会社分割（対価：株式）が行われた場合の会計処理について教えてください。

ポイント

● 子会社から他の子会社への分割は，「共通支配下の取引」に該当する。

● 分割会社（子会社）から分割承継会社（他の子会社）へ分社型分割が行われた場合には，親会社から子会社への分社型分割が行われたときの会計処理に準じて処理を行う。

● 分割承継会社（他の子会社）は，承継した資産及び負債を，分割会社において移転直前に付されていた適正な帳簿価額により計上し，承継した事業に係る株主資本相当額を払込資本として処理する。

● 分割会社（子会社）は，分割承継会社（他の子会社）から取得した株式の取得原価を，分割した事業の適正な株主資本相当額と考える。

次の設例を基に会計処理をみていきます。

＜前提＞

● A社とB社はともにP社の100％子会社

● B社の会社分割前の発行済株式数は100株

● A社は甲事業（帳簿価額：100，時価：120）を分社型分割

● B社は会社分割の対価として株式を900株発行

● 吸収分割契約において全額資本金

【設例】子会社から他の子会社への分社型分割で対価が株式の場合
　　　　（グループ間での子会社同士の会社分割）

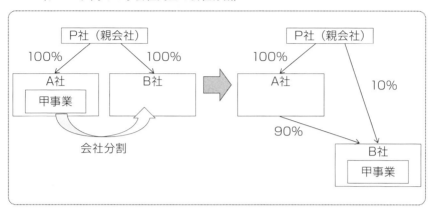

1．A社の会計処理

（借）B社株式	100	（貸）甲事業	100

　甲事業の移転損益は認識せず，A社が受け取ったB社株式の取得原価は，甲事業に係る株主資本相当額に基づいて算定します（適用指針254－2）。

2．B社の会計処理

⑴　資産及び負債（甲事業）の会計処理

　取得した甲事業については，A社において移転直前に付されていた適正な帳簿価額により計上します（適用指針254－3）。

⑵　増加資本に係る会計処理

（借）甲事業	100	（貸）資本金	100

　甲事業に係る株主資本相当額を払込資本（資本金又は資本剰余金）として処理します。なお，払込資本の内訳項目（資本金，資本準備金又はその他資本剰余金）は，会社法の規定に基づき決定します（適用指針227，254－3）。今回の設例では，前提より，全額を資本金に計上します。

＜Ｐ社の連結財務諸表上の会計処理＞

　親会社（Ｐ社）の連結財務諸表上，甲事業の移転及びＢ社の増加資本に関する取引は，内部取引として消去します。

（借）資本金	100	（貸）Ｂ社株式	100

Q2 -17 子会社から他の子会社への会社分割（分割型分割）の会計処理（対価：株式）

子会社から他の子会社への分割型の会社分割（対価：株式）が行われた場合の会計処理について教えてください。

ポイント

● 子会社から他の子会社へ分割は，「共通支配下の取引」に該当する。

● 分割会社（子会社）から分割承継会社（他の子会社）へ分割型分割が行われた場合には，親会社から子会社への分割型分割が行われたときの会計処理に準じて処理を行う。

● 分割承継会社（他の子会社）は，承継した資産及び負債を，分割会社において移転直前に付されていた適正な帳簿価額により計上し，承継した事業に係る株主資本相当額を払込資本として処理する。

● 分割会社（子会社）は，分割承継会社（他の子会社）から取得した株式の取得原価を，分割した事業の適正な株主資本相当額と考える。

● 分割会社（子会社）は，分割承継会社株式を株主へ現物配当する。

次の設例を基に各社の会計処理をみていきます。

＜前提＞

● A社とB社はともにP社の100％子会社

● P社が所有しているA社株式の帳簿価額は200

● B社の会社分割前の発行済株式数は100株

● A社（子会社）は甲事業（帳簿価額：180，時価：200）を分割

● B社（他の子会社）は会社分割の対価として900株発行

● 吸収分割契約において全額資本金に計上

● A社株式の帳簿価額の按分は，A社事業の帳簿価額の比率により算定

● A社事業（事業全体の適正な帳簿価額：300, 甲事業の適正な帳簿価額：180)

【設例】 子会社から他の子会社への分割型分割で対価が株式の場合

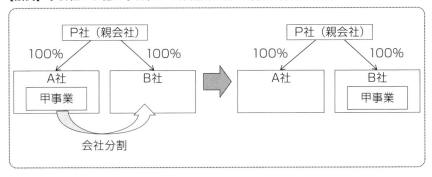

1．A社の会計処理

A社は、①分社型の会社分割、②会社分割により引き受けたB社株式のP社への現物配当、という2段階の会計処理を行います（適用指針255, 233)。

(1) 分社型の会社分割に係る会計処理

(借) B社株式	180	(貸) 甲事業	180

甲事業に係る移転損益は認識せず、A社が取得したB社株式の取得原価は、移転した甲事業に係る株主資本相当額に基づいて算定します（適用指針255, 233(1), 226)。

(2) 現物配当に係る会計処理

A社は受け取ったB社株式の取得原価に基づき株主資本を減少させます。なお、減少させる株主資本の内訳は、取締役会等の会社の意思決定機関において決定します。今回の設例では、配当原資はすべてその他資本剰余金とします（適用指針255, 233(2))。

(借) その他資本剰余金	180	(貸) B社株式	180

2．B社の会計処理

⑴　資産及び負債（甲事業）の会計処理

　取得した甲事業については，A社において移転直前に付されていた適正な帳簿価額により計上します（適用指針256，234⑴）。

⑵　増加資本に係る会計処理

　甲事業に係る株主資本相当額を払込資本（資本金又は資本剰余金）として処理します。なお，払込資本の内訳項目（資本金，資本準備金又はその他又は資本剰余金）は，会社法の規定に基づき決定します（適用指針256，234⑵，227⑵）。

　ただし，受け入れた資産及び負債の対価として，B社の株式のみを交付している場合には，A社で計上されていた株主資本の内訳を適切に配分した額をもって計上することができます（適用指針256，234⑵）。

　今回の設例では，前提より，全額を資本金に計上します。

（借）甲事業	180	（貸）資本金	180

3．P社の会計処理

　P社が受け取ったB社株式については，これまで保有してきたA社株式とB社株式が実質的に引き換えられたものとみなして会計処理を行います。

　本設例においては，前提よりA社株式120※がB社株式に引き換えられたものとして処理します（適用指針257，294，295）。

（借）B社株式	120	（貸）A社株式	120

※　P社におけるA社株式帳簿価額200× $\dfrac{甲事業帳簿価額180}{A社事業全体帳簿価額300}$

＜P社の連結財務諸表上の会計処理＞

　親会社（P社）の連結財務諸表上，甲事業の移転等に関する取引は，内部取引として消去します。

（借）資本金	180	（貸）その他資本剰余金	180
A社株式	120	B社株式	120

Q2 -18 | 子会社から他の子会社への会社分割の会計処理 （対価：なし）

子会社から他の子会社への会社分割（対価：なし）が行われた場合の会計処理について教えてください。

(ポイント)

- 子会社から他の子会社への分割は，「共通支配下の取引」に該当する。
- 無対価で会社分割が行われた場合，分割型分割に準じて会計処理を行う。
- 分割承継会社（他の子会社）は承継した資産及び負債を分割会社において移転直前に付されていた適正な帳簿価額により計上し，承継した事業に係る株主資本相当額を払込資本として処理する。
- 分割会社（子会社）は移転損益を認識せず，分割した資産及び負債の帳簿価額について株主資本相当額を減少させる。
- 親会社は分割会社株式と分割承継会社株式が実質的に引き換えられたものとみなして処理を行う。

次の設例を基に各社の会計処理をみていきます。

【前提】

- A社とB社はともにP社の100％子会社
- P社が所有しているA株式の帳簿価額200
- A社（子会社）は甲事業（帳簿価額：180　時価200）を分割
- B社（他の子会社）は会社分割の対価を交付しない
- A社株式の帳簿価額の按分は，A社事業の帳簿価額の比率により算定
- A社事業（事業全体の適正な帳簿価額：300, 甲事業の適正な帳簿価額：180）

【設例】子会社から他の子会社への会社分割（無対価）

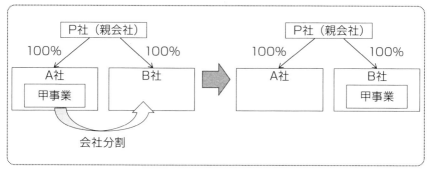

1. A社の会計処理

　会社分割が無対価で行われた場合，分割会社（A社）は分割型の会社分割による処理方法（①分社型の会社分割＋②会社分割により引き受けたB社株式のP社への現物配当）に準じて処理することになります（適用指針203-2，255，233）

(1) 分社型の会社分割に係る会計処理

（借）B社株式	180	（貸）甲事業	180

　甲事業に係る移転損益は認識せず，A社が取得したB社株式の取得原価は，移転した甲事業に係る株主資本相当額に基づいて算定します（適用指針255，233(1)，226）。

(2) 現物配当に係る会計処理

　A社は受け取ったB社株式の取得原価に基づき株主資本を減少させます。なお，減少させる株主資本の内訳は，取締役等の会社の意思決定機関において決定します。今回の設例では，配当原資はすべてその他資本剰余金とします（適用指針255，233(2)，446）。

（借）その他資本剰余金	180	（貸）B社株式	180

２．Ｂ社の会計処理

(1) 資産及び負債（甲事業）の会計処理

取得した甲事業については，Ａ社において移転直前に付されていた適正な帳簿価額により計上します（適用指針203-2，256，234(1)）。

(2) 増加資本に係る会計処理

Ｂ社では新株を発行していないため，資本金，資本準備金を計上するのは妥当ではなく，その他資本剰余金で引き継ぐことになります（適用指針437-2，437-3）。

（借）甲事業	180	（貸）その他資本剰余金	180

３．Ｐ社の会計処理

これまで保有してきたＡ社株式とＢ社株式が実質的に引き換えられたものとみなして会計処理を行います。

本設例においては，前提により120※がＢ社株式に引き換えられたものとして処理します（適用指針203-2，257，294，295）。

（借）Ｂ社株式	120	（貸）Ａ社株式	120

※ Ｐ社におけるＡ社株式帳簿価額 200 × $\dfrac{\text{甲事業帳簿価額 180}}{\text{Ａ社事業全体帳簿価額 300}}$

＜連結財務諸表上の会計処理＞

１．Ｐ社の連結財務諸表上の会計処理

親会社（Ｐ社）の連結財務諸表上，甲事業の移転等に関する取引は，内部取引として消去します。

（借）Ａ社株式	120	（貸）Ｂ社株式	120

第4節　取得のケーススタディ

Q2 -19　取得の具体的な会計処理

取得の具体的な会計処理を教えてください。

ポイント

- 分割の対価が現金である場合

  イ．分割会社は，分割した事業の適正な株主資本相当額と交付を受ける現金との差額を移転損益として認識する。

  ロ．分割承継会社は，事業の資産及び負債を時価で承継し，当該時価と支払う現金との差額をのれん又は負ののれんとして認識する。

- 分割の対価が株式であり，分割後関連会社に該当した場合

  イ．分割会社は，分割した事業の適正な株主資本相当額と取得した株式の価値は同じであると考えて，移転損益を認識しない。

  ロ．分割承継会社は，事業の資産及び負債を時価で承継し，当該時価と交付する株式の時価との差額をのれん及び負ののれんとして認識する。

- 分割の対価が株式であり，分割後子会社に該当した場合

  イ．分割会社は，分割した事業の適正な株主資本相当額と取得した株式の価値は同じであると考えて，移転損益を認識しない。

  ロ．分割承継法人において，事業を帳簿価額で承継するため，のれん及び負ののれんは認識しない。

次の設例を基に各ケースの会計処理をみていきます。

【前提条件】

- 各設例において資産及び負債の評価損益・換算差額はなく，「資産及び負債の適正な帳簿価額の差額」と「株主資本相当額」は同額とする

　（資産及び負債の適正な帳簿価額の差額＝株主資本相当額）

● 各設例のa株主，b株主は，法人株主

1．対価が現金である場合の会計処理

＜前提＞

● A社は甲事業（帳簿価額：200，時価：300）を分割

● B社は会社分割の対価として現金を交付（帳簿価額：300，時価：300）

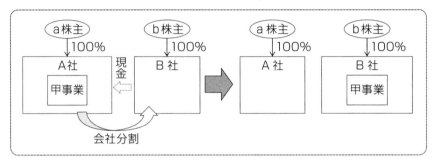

【分割前のA社の貸借対照表】

| （借）諸資産 | 500 | （貸）資本金 | 500 |
| 　　　甲事業 | 200 | 　　　繰越利益剰余金 | 200 |

【分割前のB社の貸借対照表】

| （借）諸資産 | 400 | （貸）資本金 | 300 |
| | | 　　　繰越利益剰余金 | 100 |

＜移転時の仕訳＞

① 　A社の仕訳

| （借）諸資産（現金） | 300 | （貸）甲事業 | 200 |
| | | 　　　移転利益 | 100 |

　A社は，甲事業（帳簿価額200）を現金300で分割したために，差額100を移転利益として計上されます（分離基準32(1)）。

② B社の仕訳

(借)甲事業	300	(貸)諸資産(現金)	300

B社は,甲事業を現金300で承継します(結合基準23)。

【分割後のA社の貸借対照表】

(借)諸資産	800	(貸)資本金	500
		繰越利益剰余金	300

【分割後のB社の貸借対照表】

(借)諸資産	100	(貸)資本金	300
甲事業	300	繰越利益剰余金	100

2. 対価が株式であり,分割により関連会社に該当した場合の会計処理

<前提>

- A社は甲事業(帳簿価額:200,時価:300)を分割
- B社は会社分割の対価として30株のB社株式を発行(1株当たりの時価:10)
- A社はB社株式を30%取得(関連会社に該当)
- 会社分割前のA社の発行済株式総数は100株,B社の発行済株式総数は70株
- 吸収分割契約において資本金を150,残額を資本準備金

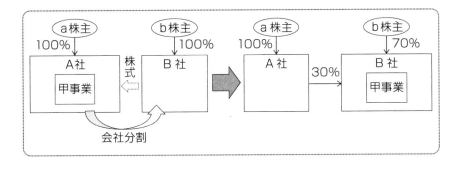

【分割前のA社の貸借対照表】

（借）諸資産	700	（貸）資本金	500
甲事業	200	繰越利益剰余金	400

【分割前のB社の貸借対照表】

（借）諸資産	600	（貸）資本金	500
		繰越利益剰余金	100

＜移転時の仕訳＞

① A社の仕訳

（借）B社株式（関連会社株式）	200	（貸）甲事業	200

　A社は，移転した甲事業の株主資本相当額（200）をB社株式の取得価額とする処理を行います（分離基準20）。

② B社の仕訳

（借）甲事業	200	（貸）資本金	150
のれん	100	資本準備金	150

　B社株式の時価300（＠10×30株）で甲事業を譲り受け，甲事業の帳簿価額200とB社株式の時価300の差額100は，のれんとして処理します（結合基準31）。

【分割後のA社の貸借対照表】

（借）諸資産	700	（貸）資本金	500
B社株式（関連会社株式）	200	繰越利益剰余金	400

　A社では，甲事業とB社株式の等価交換が行われたとします。

【分割後のB社の貸借対照表】

（借）諸資産	600	（貸）資本金	650
甲事業	200	資本準備金	150
のれん	100	繰越利益剰余金	100

　B社は，甲事業につき，分割対価として，発行した株式の効力発生日の時価で取得したものと考えるため，甲事業の資産及び負債の時価（前提により，帳

簿価額と同額）を超過する額をのれんとして認識します。

　関連会社に該当した場合，事業を分割した企業では株主資本相当額での等価交換取引を行ったと考えます。一方，事業を承継した承継会社は，時価で事業を購入した取引と考えます。

３．対価が株式であり，分割により子会社に該当した場合の会計処理

<前提>

- A社は甲事業（帳簿価額：200，時価：300）を分割
- B社は会社分割の対価として75株のB社株式を発行（１株当たりの時価：4）
- 会社分割前のA社の発行済株式総数は200株，B社の発行済株式総数は50株
- A社はB社株式を60％取得（子会社に該当）
- 吸収分割契約において資本金を150，残額を資本準備金

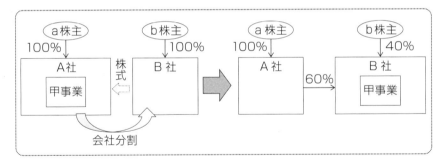

【分割前のA社の貸借対照表】

（借）諸資産	700	（貸）資本金	500
甲事業	200	繰越利益剰余金	400

【分割前のB社の貸借対照表】

（借）諸資産	300	（貸）資本金	200
		繰越利益剰余金	100

＜移転時の仕訳＞

① A社の仕訳

（借）B社株式（子会社株式）	200	（貸）甲事業	200

　設例2（関連会社に該当するケース）同様，甲事業の株主資本相当額をB社株式の取得原価と考えます（分離基準17）。

② B社の仕訳

（借）甲事業	200	（貸）資本金	150
		資本準備金	50

　甲事業を適正な帳簿価額で受け入れ，株主資本相当額の内訳は会社法の規定に基づき計上します（今回のケースでは資本金を150，残額を資本準備金として計上）。また，適正な帳簿価額で承継するため，のれんや負ののれんは発生しません（結合基準41，42，43）。

【分割後のA社の貸借対照表】

（借）諸資産	700	（貸）資本金	500
B社株式（子会社株式）	200	繰越利益剰余金	400

【分割後のB社の貸借対照表】

（借）諸資産	300	（貸）資本金	350
甲事業	200	資本準備金	50
		繰越利益剰余金	100

Q2-20 取得に該当する共同新設分割の会計処理

取得に該当する共同新設分割が行われた場合の会計処理を教えてください。

ポイント

- ●「共同新設分割」の会計処理は，分割会社（親会社），分割会社（関連会社），分割承継会社（子会社）の3つに分類される。
- ●分割会社（親会社）

  分割承継会社（子会社）から取得した株式の取得原価を分割した事業の適正な株主資本相当額に基づいて算定する。
- ●分割会社（関連会社）

  分割承継会社（子会社）から取得した株式の取得原価を分割した事業の適正な株主資本相当額に基づいて算定する。
- ●分割承継会社（子会社）

  分割会社（親会社）から承継した資産及び負債を分割会社において移転直前に付されていた適正な帳簿価額により計上し，承継した事業に係る株主資本相当額を払込資本として処理する。

  分割会社（関連会社）から承継した資産及び負債を移転時の時価により計上する。
- ●共同新設分割が取得とされた場合，連結財務諸表上，分割承継会社（子会社）の会計処理は，単独新設分割により設立された複数の新設分割設立会社が，その設立直後に合併したものとみなして処理する。

次の設例を基に会計処理をみていきます。

＜前提＞

- ● A社が有する甲事業及びB社が有する乙事業を共同新設分割によりS社

　　に移転（S社を新規設立）

● 甲事業（帳簿価額：100，時価：120）

● 乙事業（帳簿価額：70，時価：80）

● S社は会社分割の対価として，株式を発行（A社：300株，B社：200株）

● 共同新設分割の結果，S社はA社の子会社に該当

● 新設分割計画において全額資本金に計上

【設例】共同新設分割の場合

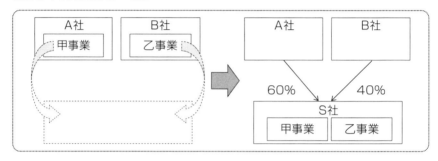

1．A社の会計処理

（借）S社株式	100	（貸）甲事業	100

　　会社分割後において，S社はA社の子会社になるため，A社の個別財務諸表上，取得するS社株式の取得原価は，甲事業に係る株主資本相当額に基づいて算定します（分離基準17，適用指針98）。

2．B社の会計処理

（借）S社株式	70	（貸）乙事業	70

　　会社分割後において，S社はB社の関連会社になるため，B社の個別財務諸表上においても，取得するS社株式の取得原価は，乙事業に係る株主資本相当額に基づいて算定します（分離基準20(1)，適用指針100(1)）。

3．S社の会計処理

　共同新設分割が取得に該当するとされた場合の新設分割会社の会計処理は，単独新設分割により設立された複数の新設分割会社が，その設立直後に合併したものとみなして会計処理を行います。具体的には，最初に単独新設分割の会計処理を行い，次に，取得企業とされた新設分割会社が他の新設分割会社を被取得企業として合併の会計処理を行うことになります（適用指針34(2)①)。

　本設例の場合，A社がS社の支配を獲得しますので，A社の事業（甲事業）は適正な帳簿価額により受け入れ，B社の事業（乙事業）は時価により受け入れることになります（適用指針261，227，結合基準17)。

（借）甲事業	100	（貸）資本金	180
乙事業	80		

＜連結財務諸表上の会計処理＞

　A社が保有するS社株式とS社の株主資本の相殺消去を行います（適用指針262)。なお，S社株式及び非支配株主持分とS社株主資本との差額については，資本剰余金として会計処理を行います（適用指針98)。

（借）資本金	180	（貸）S社株式	100
		非支配株主持分※1	72
		資本剰余金※2	8

※1　非支配株主持分72＝S社株主資本180×B社持分比率40%

※2　甲事業及び乙事業に対するA社持分（(100+80)×60%＝108）とA社のS社株式取得価額100との差額。

第5節　その他の論点

Q2 -21 逆取得となる吸収分割

逆取得となる吸収分割を教えてください。

（ポイント）

- ●「逆取得」とは事業を分離した企業が取得企業に該当することをいう。
- ●資産及び負債は，事業分離直前の適切な帳簿価額により引き継ぐことになる。

 1．取得企業の決定（逆取得の場合）

　　　　事業を分離した側の企業が取得企業に該当するケースを逆取得といいます。逆取得に該当した場合，資産及び負債は移転直前の適正な帳簿価額で計上することになります（適用指針87）。

【逆取得のイメージ】

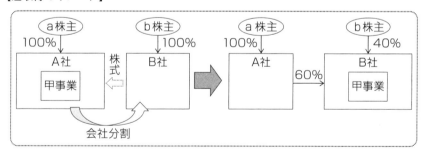

　A社は，甲事業を分割しており，本来ですと，取得企業はB社になります。しかし，A社は対価として株式を取得した結果，B社はA社の子会社となりました。すなわち，会社分割を行った結果，A社はB社を取得したと考えます。

２．取得対価の決定と取得対価の配分

　逆取得に該当した場合，取得企業の個別財務諸表では移転した事業の株主資本相当額に基づいて，受け取った対価の株式を算定します（適用指針88，98）。

　事業を承継した企業は，資産及び負債を分割会社において付されていた移転直前の適正な帳簿価額において算定し，差額を払込資本として処理します。払込資本の内訳は会社法の規定に基づいて決定します（適用指針87）。

　※　会計処理はＱ２-19の３．（対価が株式であり，分割により子会社に該当した場合の会計処理）と同様です。

Q2-22 債務超過事業の会社分割の会計処理

債務超過事業の会社分割（対価：株式）を行った場合の会計処理を教えてください。

（ポイント）

- 分割法人は，分割により移転した資産及び負債の差額を特別勘定として処理する。
- 分割承継会社は，承継した資産及び負債の差額相当額の利益剰余金を減額する処理を行う。

次の設例を基に会計処理をみていきます。

＜前提＞

- A社（親会社）とB社（子会社）は100%支配関係
- A社の債務超過の甲事業（帳簿価額：△600）を会社分割
- 対価として株式を取得（子会社株式）

【×1年3月31日（分割前）のA社の貸借対照表】

（借）諸資産	400	（貸）甲事業（負債）	1,000
甲事業（資産）	400	資本金	500
B社株式	500	繰越利益剰余金	△200

【×1年3月31日（分割前）のB社の貸借対照表】

| （借）諸資産 | 1,000 | （貸）資本金 | 500 |
| | | 繰越利益剰余金 | 500 |

＜分割時の仕訳＞

① A社

（借）甲事業（負債）	1,000	（貸）甲事業（資産）	400
		B社株式	500
		特別勘定※	100

> ※　特別勘定（「組織再編により生じた株式の特別勘定」）とは，移転事業（甲事業）の株主資本がマイナスであり，子会社株式（B社株式）を充ててもなお株主資本がマイナスの場合，負債項目として用いる特別勘定である（適用指針226）。

② B社

| （借）甲事業（資産） | 400 | （貸）甲事業（負債） | 1,000 |
| | | 繰越利益剰余金 | △600 |

　のれんは発生しません。繰越利益剰余金のマイナスとして引き継ぎます（適用指針227）。

【分割後のA社の貸借対照表】

（借）諸資産	400	（貸）特別勘定	100
		資本金	500
		繰越利益剰余金	△200

【分割後のB社の貸借対照表】

（借）諸資産	1,000	（貸）甲事業（負債）	1,000
甲事業（資産）	400	資本金	500
		繰越利益剰余金	△100

column	会社分割における会計用語

株主資本相当額	資産及び負債の適正な帳簿価額による差額から評価・換算差額等及び新株予約権を控除した額。
評価・換算差額	資産及び負債を時価評価するが損益処理しない項目。 （例）その他有価証券評価差額金や繰延ヘッジ損益など
適正な帳簿価額	一般に公正妥当と認められる企業会計の基準において認められた資産及び負債の額。
時価	公正な評価額。通常，観察可能な市場価格をいう。 市場価格がない場合は合理的に算定された価格。

（企業会計基準第5号8項，第7号10項，第21号99項・14項を参照）

第3章

会社分割の税務

第1節　会社分割の税制の概要

Q3 -1　会社分割の税制の概要

会社分割を行った場合の税制の概要を教えてください。

ポイント

- 分割を行った場合，原則として分割時の時価により，移転資産又は負債の譲渡が行われたものとされる（非適格分割）。
- 一定の要件を満たす分割については，分割時の帳簿価額により，移転資産又は負債の引継ぎが行われたものとされる（適格分割）。

1．分割税制の概要

　会社分割を行った場合，原則として，分割法人から分割承継法人に分割時の時価により，移転資産又は負債の譲渡が行われたものとされます（法人税法62）。

　ただし，「分割の前後を通じて事業に係る移転資産等に対する支配を継続していると認められる一定の分割」や「共同で事業を行うための一定の分割」及び「特定事業を切り出して独立会社とする一定の分割」については，適格分割として，移転時に損益を発生させず，帳簿価額のまま引継ぎが行われます（法人税法62の2，62の3）。

　非適格分割及び適格分割に該当する場合の「分割法人」，「分割承継法人」，「分割法人の株主」に対する課税関係の概要は以下のとおりです。

(1)　分割法人の課税関係

　会社分割を行った場合，原則として，分割法人から分割承継法人に分割時の時価により，移転資産又は負債の譲渡が行われたものとされます（法人税法62）。したがって，分割時に分割法人において，移転資産又は負債に係る譲渡損益を認識する必要があります。

　一方，適格分割に該当する場合には，分割法人から分割承継法人に分割時の帳簿価額により，移転資産又は負債の引継ぎが行われたものとされます（法人税法62の2，62の3）。したがって，分割時に課税関係は発生せず，分割承継法人において移転資産又は負債に係る譲渡損益が繰り延べられることとなります。

(2)　分割承継法人の課税関係

　会社分割が非適格分割に該当する場合，分割時の時価により移転資産又は負債を受け入れます（法人税法62）。

　一方，適格分割の場合は，分割時の帳簿価額により移転資産又は負債を受け入れます（法人税法62の2，62の3）。

　分割の種類や適格分割に該当するか否かにより資本項目の受入処理が異なります。

(3)　分割法人の株主の課税関係

　会社分割が分割型分割に該当する場合，分割法人の株主は，分割法人の株式に代えて分割承継法人の株式等の交付を受けることとなります。

　この分割承継法人の株式等の交付について，非適格分割に該当する場合には，一定の金額に対してみなし配当課税が行われます（法人税法24①二，所得税法25①二）。また，株式以外の資産の交付を受けた場合には，旧株式に対する投資が清算されたものとされ，旧株式に係る譲渡損益を認識する必要があります（法人税法61の2④，措置法37の10③二）。

　一方，適格分割に該当する場合は，旧株式の帳簿価額が新たに交付を受けた分割承継法人株式の帳簿価額に付け替わるだけで課税関係は生じません（法人税法61の2⑤）。

　なお，分社型分割の場合は，分割法人の株主に対する株式等の交付がないことから，分割法人の株主において課税関係は発生しません。

２．適格要件

　適格分割に該当するためには，以下に掲げる分割で一定の要件を満たすこと

が必要となります。

---

(1) 企業グループ内の分割
　① 分割法人と分割承継法人との間に完全支配関係がある場合
　② 分割法人と分割承継法人との間に支配関係がある場合
(2) 分割法人と分割承継法人が共同で事業を行うための分割
(3) 特定事業を切り出して独立会社とする一定の分割（スピンオフ）

　なお，適格分割に該当するか否かは任意で選択できるものではなく，適格要件を満たす分割であれば，強制的に適格分割として取り扱われます。

【適格判定のフローチャート】

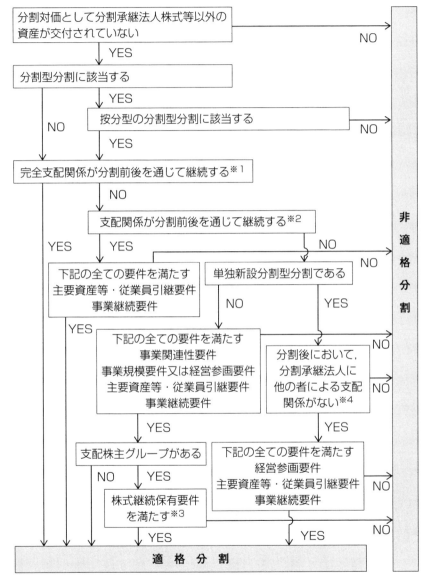

※1　一定の分割型分割の場合，分割後の分割法人との完全支配関係の継続は不要です。
　2　一定の分割型分割の場合，分割後の分割法人との支配関係の継続は不要です。
　3　平成29年度税制改正により，株主継続保有要件は改正されています。
　4　分割直前に分割法人に他の者による支配関係がないことも要件です。

第2節　税制適格要件

Q3 -2　完全支配関係がある場合の適格要件

完全支配関係がある場合の適格要件を教えてください。

【ポイント】

完全支配関係がある場合の適格要件は，以下のとおりである。

イ．分割対価資産として，分割承継法人の株式又は分割承継法人の親法人の株式（以下，「分割承継法人株式等」という）以外の資産が交付されないこと（金銭等不交付要件）。

ロ．完全支配関係が，分割前後を通じて継続すること（分割承継法人株式等の全部を株主等に交付する分割型分割にあっては，支配法人と分割承継法人との間の完全支配関係が継続すること）。

ハ．分割型分割にあっては，上記に加え，分割により交付される分割承継法人株式等が分割法人の株主に分割法人株式の保有割合に応じて交付されること（いわゆる按分型の分割型分割であること）。

会社分割のうち，分割の前後を通じて事業に係る移転資産等に対する支配を継続していると認められる分割は適格分割に該当します。

適格分割に該当した場合は，移転時に損益を発生させず，帳簿価額のまま引き継ぐことによって損益の繰延べを行うことになります（法人税法62の2，62の3）。

分割法人と分割承継法人との間に完全支配関係がある場合の分割で，「分割の前後を通じて事業に係る移転資産等に対する支配を継続している」と認められるためには，以下のすべての要件を満たす必要があります。

平成29年度税制改正により，一定の分割型分割における完全支配関係継続要件が緩和されています（平成29年10月1日以降に行われる分割について適用されます）。

(1)　金銭等不交付要件

　分割に際し，交付される分割対価資産は，分割承継法人株式等でなければなりません（法人税法2十二の十一）。

　金銭等の交付があった場合には，一定の場合を除き，金銭等に対応する部分が移転資産の譲渡の対価とみなされ，分割法人において，移転資産に係る損益を計上することとなります（適格分割に該当しない）。

(2)　完全支配関係が分割前後を通じて継続すること

　完全支配関係とは，発行済株式等の全部[※1]を直接又は間接に保有する関係をいいます（法人税法2十二の七の六，法人税施行令4の2②）。

> ※1　完全支配関係の判定において，従業員持株会が保有する株式及び役員がストックオプションの行使により取得した株式の割合が発行済株式総数（自己株式を除く）の5％未満である場合には，これらの株式を除外して判定することとされています（法人税施行令4の2②一，二）。

　「完全支配関係が分割前後を通じて継続すること」とは，分割前後において，次の(3)又は(4)に掲げるいずれかの関係がある場合をいいます。

　なお，平成30年度税制改正により，分割後に分割法人株式又は分割承継法人株式の適格株式分配をすることが見込まれている場合には，当該適格株式分配の直前の時まで完全支配関係が継続することが見込まれていることが要件とされました。

(3)　分割当事者間の完全支配関係

　①　吸収分割の場合

　　イ　分割法人と分割承継法人との間に，分割承継法人による完全支配関係がある吸収分割（分割承継法人株式等の全部を株主等に交付する分割型分割）の場合

　　　分割後の資本関係の継続は求められていません（法人税法2十二の十一イ，法人税施行令4の3⑥一イ）。

144

【図解】

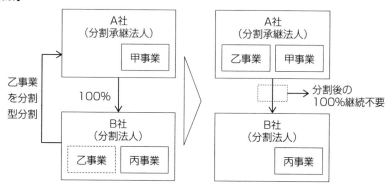

ロ　吸収分割の場合（イの場合を除く）

　吸収分割の場合（イの場合を除く）は，分割前の分割法人と分割承継法人との間にいずれか一方の法人による完全支配関係があり，かつ，分割後においても分割法人と分割承継法人との間に当事者間の完全支配関係が継続することが見込まれることを要件としています（法人税法２十二の十一イ，法人税施行令４の３⑥一ロ）。

【図解】

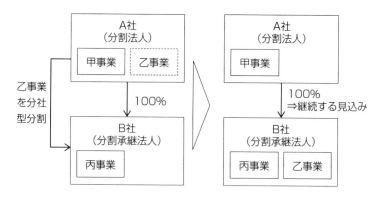

②　新設分割の場合

イ　単独新設分割の場合

　単独の法人が新設分割を行う場合は，分割後において，分割法人と新設

した分割承継法人との間に完全支配関係が継続することが見込まれること
を要件としています（法人税法2十二の十一イ，法人税施行令4の3⑥一ハ）。

【図解】

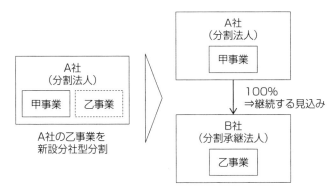

ロ　複数新設分割の場合

　複数新設分割のうち分割前に分割法人と他の分割法人との間にいずれか
一方の法人による完全支配関係があるもののうち(イ)または(ロ)を満たすもの。

(イ)　他方の分割法人が分割により交付を受けた分割承継法人株式等の全
　　部を株主等に交付した場合

　　　一方の分割法人と分割承継法人との間に当該一方の分割法人による
　　完全支配関係が継続することを要件としています（法人税法2十二の
　　十一イ，法人税施行令4の3⑥一ニ(1)）。

【図解】

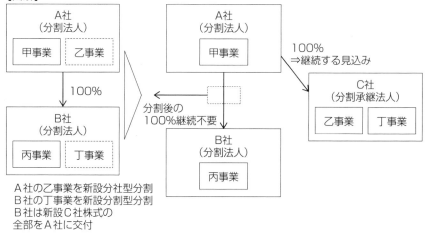

A社の乙事業を新設分社型分割
B社の丁事業を新設分割型分割
B社は新設C社株式の
全部をA社に交付

　　㈹　(イ)以外の場合

　　　　　分割後に他方の分割法人と分割承継法人との間に一方の分割法人に
　　　よる完全支配関係が継続することが見込まれていることを要件として
　　　います（法人税法２十二の十一イ，法人税施行令４の３⑥一二⑵）。

【図解】

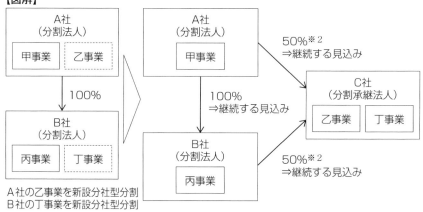

A社の乙事業を新設分社型分割
B社の丁事業を新設分社型分割

　　※２　　A社からC社に対する100％関係

⑷　同一の者による完全支配関係

　①　吸収分割の場合

　　イ　吸収分割（分割承継法人株式等の全部を株主等に交付する分割型分

割）の場合

　分割前の分割法人と分割承継法人との間に同一の者による完全支配関係が
あり，かつ，分割後に分割承継法人との間に同一の者による完全支配関係が
継続することが見込まれることを要件としています（法人税法２十二の十一
イ，法人税施行令４の３⑥二イ）。

　この場合に同一の者が個人である場合には，当該個人及びその個人と特殊
の関係にある者※3の持分を合算して判定します（法人税施行令４の２②）。

　　※3　特殊の関係にある者とは，以下に掲げる者をいいます（法人税施行令４
　　　①）。
　　　㈤　その個人の親族
　　　㈥　その個人とまだ婚姻の届出をしていないが事実上婚姻関係と同様の事
　　　　情にある者（いわゆる内縁の妻）
　　　㈦　その個人の使用人
　　　㈧　その個人から受ける金銭その他の資産によって生計を維持している者
　　　㈩　上記㈥から㈧に掲げる者と生計を一にするこれらの者の親族

【図解】

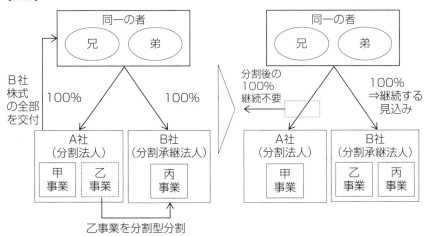

ロ　吸収分割の場合（イの分割型分割の場合を除く）

　　分割前の分割法人と分割承継法人との間に同一の者による完全支配関係
があり，分割後に分割法人と分割承継法人との間に同一の者による完全支

配関係が継続することを要件としています（法人税法２十二の十一イ，法人税施行令４の３⑥二ロ）。

【図解】

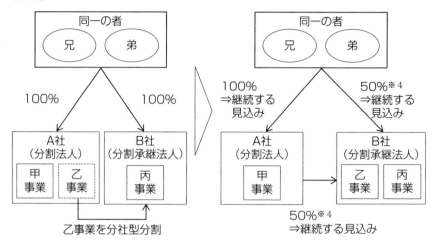

※４　同一の者からＢ社に対する100％関係

② 新設分割の場合

イ 単独新設分割の場合

単独の法人が分割後において，分割法人と新設した分割承継法人との間に同一の者による完全支配関係がある新設分割を行う場合で(イ)又は(ロ)を満たすことを要件としています。

(イ) 分割型分割（分割承継法人株式等の全部を株主等に交付するもの）（法人税法２十二の十一イ，法人税法62の６①，法人税施行令４の３⑥二ハ(1)）。

分割後に同一の者と分割承継法人との間に同一の者による完全支配関係が継続することが見込まれていることを要件としています（分割後の分割法人との資本関係の継続は求められていません）。

【図解】

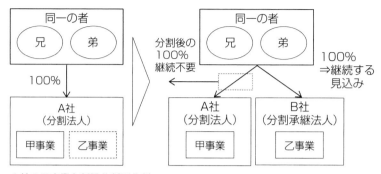

A社の乙事業を新設分割型分割
新設B社株式の全部を
同一の者に交付

(ロ)　(イ)以外の場合

　　分割後に分割法人と分割承継法人との間に同一の者による完全支配
　関係が継続することが見込まれていることを要件としています（法人
　税法２十二の十一イ，法人税施行令４の３⑥二ハ⑵)）。

【図解】

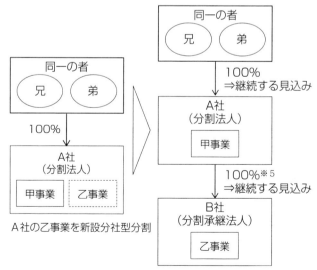

A社の乙事業を新設分社型分割

※5　同一の者からB社に対する100％関係

ロ　複数新設分割の場合

　複数で行う新設分割のうち，分割前に分割法人と他の分割法人との間に同一の者による完全支配関係があり，かつ，分割後に分割法人及び他の分割法人（いずれも分割承継法人株式等の全部を株主等に交付したものを除く）並びに分割承継法人と同一の者との間に同一の者による完全支配関係が継続することが見込まれていることを要件としています（法人税法２十二の十一イ，法人税法62の６②一，法人税施行令４の３⑥二ニ）。

　分割型分割（分割承継法人株式等の全部を株主等に交付したもの）を行った分割法人との分割後の資本関係は求められていません。

【図解】

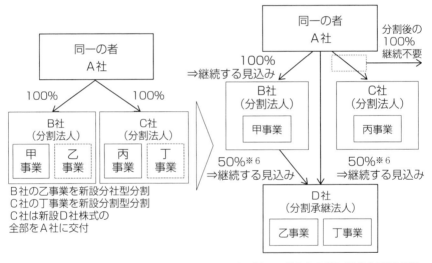

B社の乙事業を新設分社型分割
C社の丁事業を新設分割型分割
C社は新設D社株式の
全部をA社に交付

※６　同一の者からD社に対する100％関係

(5)　分割型分割の場合には按分型の分割であること

　適格分割に該当するためには，分割前の支配関係に異動を生じさせてはなりません。

　したがって，分割型分割については，分割により交付される分割承継法人株式等が分割法人の株主に分割法人株式の保有割合に応じて交付されなければなりません（いわゆる按分型の分割型分割）（法人税法２十二の十一）。

【按分型の分割型分割】

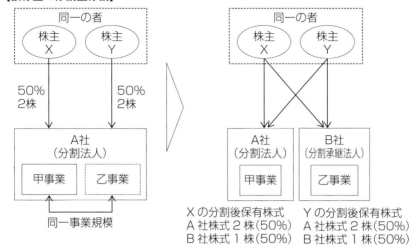

【非按分型の分割型分割】

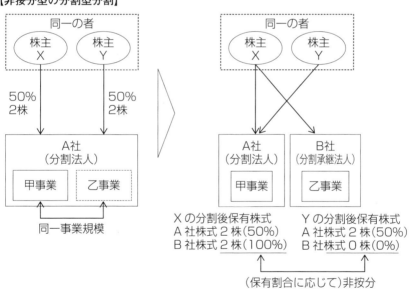

Q3 -3 支配関係がある場合の適格要件

支配関係がある場合の適格要件を教えてください。

(ポイント)

　支配関係がある場合の適格要件は，完全支配関係がある場合の要件に加えて，主要資産等・従業員引継要件，事業継続要件を満たさなければならない。

 支配関係がある場合の分割についても，分割の前後を通じてその経営及び支配が継続していると認められるものについては，適格分割に該当するものとされています。

　分割法人と分割承継法人との間に支配関係がある場合の分割で「分割の前後を通じて，その経営及び支配が継続している」と認められるためには，以下の要件を満たす必要があります。

(1)　金銭等不交付要件

　完全支配関係がある場合と同様になります（法人税法2十二の十一）（Q3－2参照）。

(2)　支配関係が分割前後を通じて継続すること

　支配関係とは，発行済株式等の50％超を直接又は間接に保有する関係をいいます（法人税法2十二の七の五，法人税施行令4の2①）。

　「支配関係が分割前後を通じて継続すること」の具体的内容は，完全支配関係がある場合と同様になります（Q3－2参照（完全支配関係を支配関係に読み替えて適用））（法人税法2十二の十一ロ，法人税施行令4の3⑦一，二）。

　平成29年度税制改正により，一定の分割型分割における支配関係継続要件が緩和されています（平成29年10月1日以降に行われる分割について適用されます）。

⑶　分割型分割の場合には按分型の分割であること

完全支配関係がある場合と同様になります（法人税法２十二の十一）（**Q3－2**参照）。

⑷　主要資産等・従業員引継要件

主要資産等・従業員引継要件とは，以下の要件をいいます。

①　分割により分割事業に係る主要な資産及び負債が分割承継法人に移転していること

分割事業に係る資産及び負債が主要なものであるかどうかは，分割法人が事業を行う上での当該資産及び負債の重要性の他，当該資産及び負債の種類，規模，事業再編計画の内容等を総合的に勘案して判定するものとされています（法人税法２十二の十一ロ⑴，法人税基本通達１－４－８）。

したがって，事業活動をしていない事業の移転や資産処分等による整理のためにする分割は，適格分割に該当しないこととなります。

②　分割直前の分割事業に係る従業者のうち，その総数の概ね80％以上に相当する数の者が，分割後に分割承継法人の業務に従事することが見込まれていること

イ　従業者の範囲

従業者とは，役員，使用人その他の者で，分割の直前において，分割事業に現に従事する者をいいます。

したがって，出向により受け入れている者等であっても，分割事業に従事する者であれば従業者に含まれます。

ただし，日雇い労働者等，従事した日ごとに給与等の支払いを受ける者について，法人が従業者の数に含めないこととしている場合には，判定の基となる従業者の数に含めなくともよいこととされています。

また，分割事業とそれ以外の事業のいずれにも従事している従業者については，主として分割事業に従事しているか否かにより判定を行います（法人

税法２十二の十一ロ(2)，法人税基本通達１－４－４）。

【従業者の範囲】

役員		対象
使用人		対象
出向により受け入れている者（分割事業に従事するもの）		対象
日雇い労働者	法人が従業者の数に含めている	対象
	上記以外	対象外
分割事業とその他の事業のいずれにも従事する従業者	主として分割事業に従事している	対象
	上記以外	対象外

ロ　分割承継法人の業務に従事すること

　分割法人の業務とは，分割により移転した分割事業に限らず，分割承継法人又は分割承継法人との間に完全支配関係がある法人等[1]が営む分割事業以外の事業でもよいこととされています（法人税法２十二の十一ロ(2)，法人税基本通達１－４－９）。

　　※１　平成30年度税制改正により，分割承継法人との間に完全支配関係がある法人及び，分割後に適格合併により分割事業が移転することが見込まれている場合における当該合併に係る合併法人が営む事業も含むこととなりました。

　また，業務に従事する者の範囲には，転籍によって移転した従業員のみならず，分割法人からの出向により分割承継法人の業務に従事する者も含まれます（法人税基本通達１－４－10）。

(5)　事業継続要件

　適格分割は分割前後において，「その経営及び支配が継続していることが見込まれること」が前提となっています。

　したがって，分割事業が分割承継法人又は又は分割承継法人との間に完全支配関係がある法人等[2]において引き続き行われる必要があります（法人税法２十二の十一ロ(3)）。

　　※2　平成30年度税制改正により，分割承継法人との間に完全支配関係がある
　　　　法人及び，分割後に適格合併により分割事業が移転することが見込まれて
　　　　いる場合における当該合併に係る合併法人において，分割事業が引き続き
　　　　行われる場合も含むこととなりました。

　なお，分割時には想定し得なかった経済状況の変化等により，分割事業の継
続が著しく困難になったと認められる場合等には，分割後に分割事業を廃止し
たとしても，本要件を満たすものと考えられます。

Q3 -4 共同事業を行う場合の適格要件

共同で事業を行う場合の適格要件を教えてください。

(ポイント)

- 共同で事業を行う場合の適格要件は，金銭等不交付要件のほか，共同事業要件を満たさなければならない（分割型分割の場合には按分型の分割であること）。
- 共同事業要件は以下のとおりである。
  - イ．事業関連性要件
  - ロ．事業規模要件又は経営参画要件
  - ハ．主要資産等・従業員引継要件
  - ニ．事業継続要件
  - ホ．株式継続保有要件

 完全支配関係又は支配関係がない場合，すなわち，持分関係が50％以下の法人間においても，事業の合理化・共同化等を目的として一定の要件を満たす分割については，適格分割に該当します（法人税法2十二の十一ハ）。

　持分関係50％以下の法人間で分割が行われた場合において，適格分割と認められるためには，以下のすべての要件を満たす必要があります。

(1) 金銭等不交付要件

　完全支配関係又は支配関係がある場合と同様になります（法人税法2十二の十一）（**Q3−2**参照）。

(2) 分割型分割の場合には按分型の分割であること

　完全支配関係又は支配関係がある場合と同様になります（法人税法2十二の十一）（**Q3−2**参照）。

(3)　共同事業要件

　共同事業要件とは，以下の要件をいい，①から⑤の全てを満たす必要があります（法人税施行令4の3⑧）。

①　事業関連性要件

　分割により移転する事業（以下，「分割事業」という）と分割承継法人が分割前に行ういずれかの事業（以下，「分割承継事業」という）が相互に関連することを要件としています（法人税法2十二の十一ハ，法人税施行令4の3⑧一）。

　ここでいう，事業が相互に関連するとは，以下の要件をすべて満たす場合をいいます（法人税施行規則3）。

　イ　分割法人と分割承継法人が分割の直前において以下の要件のすべてに該当していること。

　　(イ)　事務所，店舗，工場その他の固定施設を所有又は賃貸していること。

　　(ロ)　従業者があること。

　　(ハ)　自己の名義，かつ，自己の計算において，商品販売等，一定の商行為を行っていること。

　ロ　分割事業と分割承継事業との間に分割の直前において以下のいずれかの関係があること。

　　(イ)　事業が同種のものであること。

　　(ロ)　事業に係る商品，資産もしくは役務又は経営資源が同一のものであること又は類似するものであること。

　　(ハ)　分割後に両事業の商品，資産もしくは役務又は経営資源を活用して両事業が営まれることが見込まれていること。

　なお，共同新設分割の場合は，各分割法人の分割事業が相互に関連している必要があります（法人税施行令4の3⑧一）。

②　事業規模要件又は経営参画要件

　事業規模要件と経営参画要件については，いずれか一方の要件を満たせばよいこととされています（法人税法２十二の十一ハ，法人税施行令４の３⑧二）。

　イ　事業規模要件

　　分割事業と分割承継事業（分割事業と関連するものに限ります）のそれぞれの売上金額，従業者の数もしくはこれらに準ずる規模の割合が概ね５倍を超えないことを要件としています（法人税施行令４の３⑧二）。

　　事業規模の判定においては，売上金額，従業者数等の比較指標のうち，いずれか一つの指標が概ね５倍を超えなければよいこととされています（法人税基本通達１－４－６）。

　　これらに準ずるものとは，例えば，金融機関における預金量等，客観的，外形的にその事業の規模を表すものとして認められる指標をいいます（法人税基本通達１－４－６）。

　　なお，会社の一部を分割することから，合併における共同で事業を行う場合の適格要件の判定と異なり，資本金による規模の判定はありません。

　　また，共同新設分割の場合は，分割法人同士の分割事業の規模で判定します（法人税施行令４の３⑧二）。

　ロ　経営参画要件

　　分割前の分割法人の役員等※1のいずれかと分割承継法人の特定役員※2のいずれか（複数新設分割の場合は各分割法人の役員等※1のいずれか）が，分割後に分割承継法人の特定役員となることが見込まれていることを要件としています（法人税施行令４の３⑧二）。

　　※1　役員等とは，取締役，執行役，監査役等，会社法上の役員のほか，その法人の経営に従事している者をいいます（法人税法２十五，法人税施行令７）。

　　※2　特定役員とは，社長，副社長，代表取締役，代表執行役，専務取締役もしくは常務取締役又はこれらの者と同等に法人の経営の中枢に参画している者をいいます（法人税施行令４の３④二，法人税基本通達１－４－７）。
　　　　　上記※1の役員等と比較すると，特定役員は常務取締役以上の者となっていることから，対象範囲が狭くなっています。

　　この要件を満たすことのみを目的として，形式的に特定役員に就任するこ

とは認められません。

　なお，合併における共同で事業を行う場合の適格要件の判定と異なり，分割法人が存続することから，分割法人の役員は，分割前に特定役員でなくてもよいこととされています。

③　主要資産等・従業員引継要件

　支配関係がある場合と同様になります（法人税施行令４の３⑧三，四）（**Q３－3**参照）。

④　事業継続要件

　支配関係がある場合と同様になります（法人税施行令４の３⑧五）（**Q３－3**参照）。

⑤　株式継続保有要件

　イ　分割型分割の場合

　　分割法人の発行済株式等の50％超を保有する企業グループ内の株主が，その交付を受けた分割承継法人の株式の全部を継続して保有することが見込まれていることを要件としています（法人税施行令４の３⑧六イ）。

　　なお，分割の直前において，分割法人の全てについて，他の者との間に当該他の者による支配関係がないときは，株式継続保有要件は不要です。

【株式継続保有要件の判定】

分割法人の 株主	保有株式数	保有割合	交付を受けた 分割承継法人株式等の 保有状況
A	51株	51%	継続保有見込み
B	30株	30%	売却予定
C	19株	19%	売却予定
合計	100株	100%	

　分割法人の発行済株式等の50％超を保有する A 株主が継続保有見込みで
あるため株式継続保有要件を満たしています。

ロ　分社型分割の場合

　分割法人が分割により交付を受ける分割承継法人株式等の全部を継続して
保有することが見込まれることを要件としています（法人税施行令4の3⑧
六ロ）。

Q3 -5 単独新設分割型分割（スピンオフ）における適格要件

特定事業を切り出して独立会社とする一定の分割（いわゆるスピンオフ）を行う場合の適格要件を教えてください。

ポイント

- 平成29年度税制改正により，企業の機動的な事業再編成を促進する「スピンオフ税制」が創設された。
- 改正前の制度では，支配株主が存在しない法人については，既存事業を分割型分割により新設法人に切り出した場合，「企業グループ内の分割」及び「共同で事業を行うための分割」のいずれにも該当せず，非適格分割とされていた。
- スピンオフ税制の創設により，支配株主が存在しない法人での新設分割型分割も一定の要件を満たせば，適格分割型分割に該当する。

　特定事業を切り出して独立会社とする分割が適格分割となるのは，分割型分割かつ単独新設分割である分割で，以下のすべての要件を満たすものをいいます（当該適格分割は，平成29年4月1日以降に行われる分割について適用されます）。

(1) 金銭等不交付要件

完全支配関係，支配関係がある場合又は共同事業を行う場合と同様になります（法人税法2十二の十一）（**Q3-2**参照）。

(2) 按分型の単独新設分割型分割であること

完全支配関係，支配関係がある場合又は共同事業を行う場合と同様になります（法人税法2十二の十一）（**Q3-2**参照）。

(3) 非支配関係要件

　分割前に分割法人と他の者との間に当該他の者による支配関係がなく，かつ，分割後に分割承継法人と他の者との間に当該他の者による支配関係があることとなることが見込まれていない必要があります（法人税施行令４の３⑨一）。

　つまり，分割の前後において支配株主がいる場合は，スピンオフにおける適格分割型分割には該当しません。

【図解】

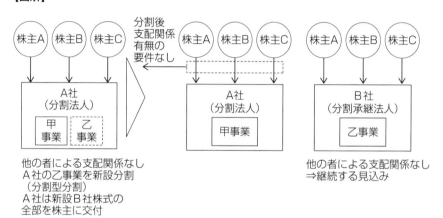

他の者による支配関係なし
A社の乙事業を新設分割
（分割型分割）
A社は新設B社株式の
全部を株主に交付

他の者による支配関係なし
⇒継続する見込み

(4) 経営参画要件

　分割前の分割法人の役員等のいずれかが，分割後に分割承継法人の特定役員となることが見込まれていること（法人税施行令４の３⑨二）。

(5) 主要資産等・従業員引継要件

　支配関係がある場合と同様となります（法人税施行令４の３⑨三，四）（**Q３−3**参照）。

(6) 事業継続要件

　支配関係がある場合と同様となります（法人税施行令４の３⑨五）（**Q３−3**参照）。

Q3 -6　金銭交付がされた場合でも適格分割となるケース

分割に伴い金銭が交付された場合においても，適格分割として取り扱うことができると聞きましたが，具体的に教えてください。

ポイント

　分割に伴い金銭が交付された場合においても，適格分割として取り扱うことができるケースは，以下のとおりである。
- イ．分割比率の端数により生じた端株の譲渡代金
- ロ．分割の日の属する事業年度開始の日から分割の日までの期間に対応する剰余金の配当
- ハ．分割に反対する株主から分割法人株式を買い取る代金

　適格分割に該当するためには，「分割対価資産として分割承継法人株式等以外の資産が交付されないこと」が要件となっています。

　ただし，金銭等が交付された場合においても，実質的に当該金銭等が分割の対価に該当しないと認められる以下のケースについては，本要件を満たすものとして取り扱われます。

(1)　分割比率の端数により生じた端株の譲渡代金

　分割に伴い，分割比率の関係上，分割法人の株主に交付する株式に1株に満たない端数が生じる場合があります。この場合，会社法上は，合併の取扱いと異なり，一度端数部分が交付されて競売が行われるといった取扱いではなく，分割の対価として金銭が交付されたものとして取り扱われます（会社法234条の対象外）。

　しかし，法人税法上は，分割に伴い，株主に端株の代わりの金銭等が交付された場合においても，その金銭等を分割承継法人の株式に含まれるものとし，分割対価はあくまで分割承継法人の株式として取り扱われることとなります（法人税施行令139の3の2②）。

ただし，合理的な理由がなく，例えば，恣意的に分割比率を調整し，端株に代えて金銭等を交付するような場合は，その金銭が分割対価として取り扱われることとなりますので留意が必要です。

(2) 分割の日の属する事業年度開始の日から分割の日までの期間に対応する剰余金の配当

分割の日の属する事業年度開始の日から分割の日までの期間に対応する剰余金の配当は，分割対価に該当しません（法人税法２十二の十一，十二の八）。

実務的には，分割対価と区分するために，株主総会議事録において配当金を交付する旨を記載するのが一般的です。

(3) 分割に反対する株主から分割法人株式を買い取る代金

分割に伴い，分割に反対する株主は，株式の買取請求権を行使することができます。

この場合の買取代金の支払いは，分割の遂行上，やむを得ない支出であり，分割そのものの対価について金銭による交付をしたといえるものではないことから，分割対価に含まれないこととされています（法人税法２十二の十一，十二の八）。

Q3 -7 | 分割対価として分割承継親法人の株式を交付する場合でも適格分割となるケース

分割法人又は分割法人の株主に分割の対価として分割承継親法人の株式を交付する場合においても，適格分割として取り扱うことができると聞きましたが，具体的に教えてください。

【ポイント】

分割対価として，分割承継法人が有する分割承継法人の親法人の株式（以下，「分割承継親法人株式」という）のみが交付された場合においても，金銭等不交付要件を満たすこととなる。

A 1．内 容

分割に伴い，分割法人又は分割法人の株主に分割承継法人が有する分割承継親法人株式のみが交付された場合（いわゆる三角分割）においても，金銭等不交付要件を満たすこととなります（法人税法2十二の十一）。

したがって，金銭等不交付要件以外の要件を満たす場合には，適格分割に該当します。

なお，金銭等不交付要件において，「分割承継法人株式又は分割承継親法人株式のいずれか一方の株式以外の資産が交付されないこと」とされていることから，分割対価として，分割承継法人株式及び分割承継親法人株式の双方が交付された場合には，適格分割に該当しないことに留意が必要です（法人税法2十二の十一）。

2．留意事項

(1) 分割承継法人と分割承継親法人の関係

分割承継法人と分割承継親法人との関係については，分割前に分割承継親法人による完全支配関係があり，かつ，分割後においても，完全支配関係が継続することが見込まれることが要件となっています（法人税施行令4の3⑤）。

　したがって，完全支配関係の継続が分割後に見込まれない場合等には，非適格分割に該当することとなります。

※1　平成31年３月31日以前に行われる分割において分割承継親法人株式を交付する場合には，分割承継法人による「直接」完全支配関係があり，かつ，分割後においても，当該「直接」完全支配関係が継続することが見込まれることが要件となっていました。

　　　平成31年度税制改正により，平成31年４月１日以後に行われる分割においては，分割承継法人による「直接又は間接の」完全支配関係に要件が緩和されています。

【三角分割型分割】

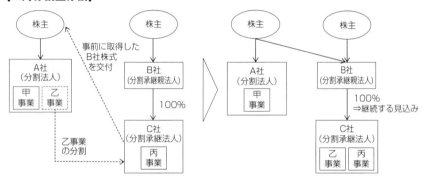

【三角分社型分割】

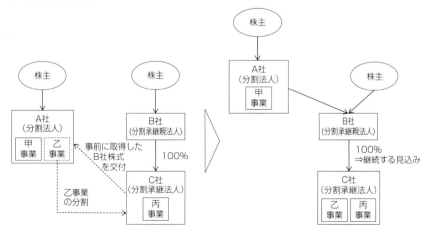

⑵　親法人株式のみなし譲渡

　分割承継法人が分割対価として分割承継親法人株式を交付する場合には，適格・非適格を問わず，分割契約日において，契約日における時価により分割承継親法人株式を譲渡し，当該株式をその時価により取得したものとみなされます（法人税法61の2㉓，法人税施行令119の11の2）。

　すなわち，分割承継親法人株式に係る含み損益を清算する必要があります。

【分割契約日の処理】

（借）分割承継親法人株式 　　　（契約日の時価）	××××	（貸）分割承継親法人株式 　　　（契約日の帳簿価額）	××××

　※2　差額を譲渡損益として計上

　なお，三角分割が適格分割に該当する場合には，分割承継親法人株式を分割直前の帳簿価額（上記評価替え後の帳簿価額）により譲渡したものとされます（下記〔資産・負債の受入処理〕参照）。

　この場合に分割承継法人において生じる分割移転資産及び負債と分割承継親法人株式との差額は，資本金等の額の増減として処理することとなります（法人税施行令8①六，七）。

【資産・負債の受入処理】

（借）資産	××××	（貸）負債 　　　分割承継親法人株式	×××× ××××

　※3　差額は資本金等の額の増減として処理

3．親会社株式の取得の禁止との関係

　三角分割を行うためには，対価として交付する分割承継親法人株式を分割承継法人が事前に保有している必要があります。

　会社法においては，原則として，子会社が親会社の株式を取得することを禁止していますが，三角組織再編を行う場合には，その再編に必要となる範囲に限って親会社株式を取得し保有することが認められています。

Q3 -8 | 分割対価の交付がない場合（無対価分割）の留意事項

分割対価の交付がない，いわゆる無対価分割を行う場合に留意すべき事項はありますか。

(ポイント)

- 分割対価の交付がない，いわゆる無対価分割を行った場合においても，一定の要件を満たす分割については，適格分割に該当する。
- 適格要件は，対価の交付がある場合と同様に，分割法人と分割承継法人の持分関係により異なる。

1. 内 容

分割対価のない，いわゆる無対価分割を行った場合についても，一定の要件を満たすものについては，適格分割として取り扱われます。

なお，無対価分割を行った場合に，それが分割型分割，分社型分割，いずれに該当するかについては，分割前の分割法人と分割承継法人に以下のいずれの関係があるかによって判定を行います。

(1) 分割型分割

分割前において分割承継法人が分割法人の株式の全部を保有している場合又は分割法人が分割承継法人の株式を保有していない場合（法人税法２十二の九ロ）

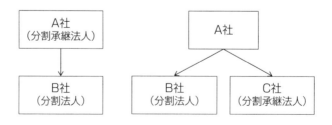

(2)　分社型分割

分割前において分割法人が分割承継法人の株式を保有している場合（法人税法2十二の十ロ）

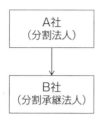

2．適格要件

対価の交付がある場合と同様に，(1)完全支配関係がある法人間の分割，(2)支配関係がある法人間の分割，(3)共同で事業を営むための分割，のいずれに該当するかにより，それぞれ要件が定められています。

なお，特定事業を切り出して独立会社とする分割（スピンオフ）において無対価分割の場合，適格分割に該当しません。

(1)　完全支配関係がある法人間の分割

分割前に当事者間の完全支配関係又は同一の者による完全支配関係があり，分割の区分に応じ一定の要件が必要となります（法人税法2十二の十一イ，法人税施行令4の3⑥一，二）。

①　当事者間の完全支配関係がある場合

イ　分割法人が分割承継法人の発行済株式等の全部を保有する関係

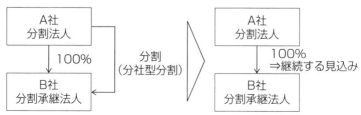

　ロ　分割承継法人が分割法人の発行済株式等の全部を保有する関係

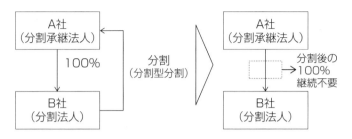

② 同一の者による完全支配関係がある場合

　イ　同一の者の下で分割承継法人が分割法人の発行済株式等の全部を保有する関係

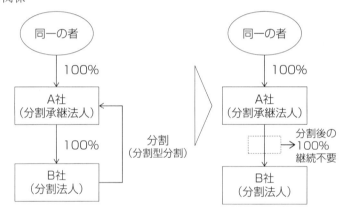

分割後に同一の者とA社の完全支配関係が継続する見込み

ロ⑦　同一の者が分割法人及び分割承継法人の発行済株式等の全部を保有
　　し，分割法人の各株主等が保有する分割法人株式の各割合と分割承継法
　　人の各株主等が保有する分割承継法人株式の各割合とが等しい関係

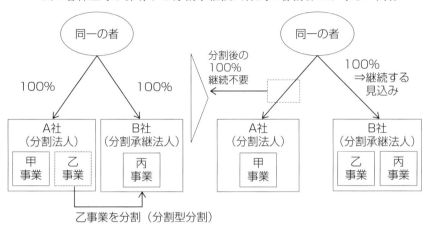

　　⑪　⑦の場合において，分割承継法人が分割法人の発行済株式等の50%
　　　超を保有する関係

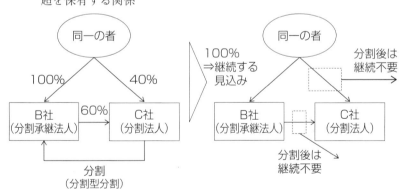

　※　分割法人株式の保有割合は，分割承継法人が保有する分割法人株式を除い
　　て行う。

ハ　同一の者の下で分割法人が分割承継法人の発行済株式等の全部を保有する関係

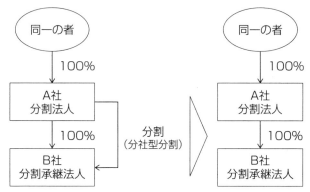

分割後にA社とB社の間に同一の者による完全支配関係が継続する見込み

(2)　支配関係がある法人間の分割

　分割前に当事者間の支配関係又は同一の者による支配関係があり，分割の区分に応じ一定の要件，かつ，事業継続等要件（詳細は**Q3-3**を参照）を満たすことが必要です（法人税法2十二の十一ロ，法人税施行令4の3⑦一，二）。

①　当事者間の支配関係がある場合

> イ　分割法人が分割承継法人の発行済株式等の全部を保有する関係
> 　　⇒上記(1)①イを参照※1。
> 　※1　分割後，分割法人と分割承継法人の支配関係が継続する見込みであること。
> ロ　同一の者が分割法人及び分割承継法人の発行済株式等の全部を保有し，分割法人の各株主等が保有する分割法人株式の各割合と分割承継法人の各株主等が保有する分割承継法人株式の各割合とが等しい場合※2
> 　　⇒上記(1)②ロ回を参照。
> 　※2　この場合において，分割承継法人が保有する分割法人の株式の持分は50％超でなければなりません。

②　同一の者による支配関係がある場合

> イ　分割承継法人が分割法人の発行済株式等の全部を保有する関係
>   ⇒上記(1)②イを参照※3。
>
> ロ　同一の者が分割法人及び分割承継法人の発行済株式等の全部を保有し，分
>   割法人の各株主等が保有する分割法人株式の各割合と分割承継法人の各株主
>   等が保有する分割承継法人株式の各割合とが等しい場合※3
>   ⇒上記(1)②ロ㋐を参照。
>   ※3　分割後，同一の者と分割承継法人の支配関係が継続する見込みであること。
>
> ハ　分割法人が分割承継法人の発行済株式等の全部を保有する関係
>   ⇒上記(1)②ハを参照※4。
>   ※4　分割後，分割法人と分割承継法人との間に同一の者による支配関係が継続す
>   る見込みであること。

(3)　共同で事業を営むための分割

　以下の①及び②のケースにおいては，共同事業要件（詳細は**Q3－4**参照）
を満たすことが必要です（法人税法2十二の十一ハ，法人税施行令4の3⑧））。

①　分割法人の各株主等が保有する分割法人株式の各割合と分割承継法人の各
　　株主等が保有する分割承継法人株式の各割合とが等しい場合※5

　　※5　分割法人株式の保有割合は，分割承継法人が保有する分割法人株式を除
　　　　いて行う。

　　　　分割型分割の場合，分割直前に当該分割法人に支配株主がいる場合には，
　　　当該支配株主が有する分割承継法人の株式のうち，分割により交付を受けた
　　　とみなされるものの全部について，当該支配株主に継続して保有されること
　　　が見込まれていることが要件とされている。

　　　　また，分社型分割の場合には，分割法人が有する分割承継法人の株式のうち，
　　　分割により交付を受けたとみなされるものの全部について，当該分割法人に
　　　継続して保有されることが見込まれていることが要件とされている。

②　資本又は出資を有しない法人の分割型分割

(4) ケーススタディ

① 親会社から子会社への適格無対価分社型分割

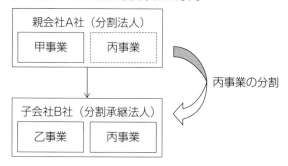

イ 適格判定

分割法人が分割承継法人の発行済株式等の全部を保有する関係における無対価分社型分割であるため，適格分社型分割に該当します。

ロ A社の取扱い

資産及び負債を帳簿価額で分割承継法人に移転します。無対価であるため分割承継法人の株式等の分割対価は収受しませんが，分割承継法人は会社分割によって株式価値が増加しますので，分割承継法人の移転する事業の簿価純資産相当額を分割承継法人株式の帳簿価額に加算します（法人税法62の3，法人税施行令119の3⑳）。

ハ B社の取扱い

分割承継法人は，帳簿価額で移転事業の資産及び負債を受け入れます。移転資産と負債の差額相当額（移転事業の簿価純資産価額）を資本金等の額として加算します（法人税施行令123の4）。

ニ A社の株主の取扱い

所有している分割法人株式について何ら変化がないことから，処理はありません。

②　100%子会社間の適格無対価分割型分割

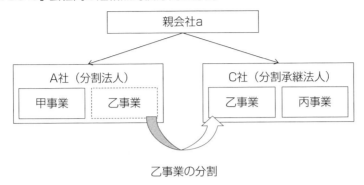

乙事業の分割

イ　適格判定

　同一の者（親会社ａ）が分割法人及び分割承継法人の発行済株式等の全部を保有し，分割法人の株主等（親会社ａ）が保有する分割法人株式の割合（100%）と分割承継法人の株主等（親会社ａ）が保有する分割承継法人株式の割合（100%）とが等しい関係における無対価分割型分割であるため，適格分割型分割に該当します。

ロ　Ａ社の取扱い

　資産及び負債を帳簿価額で分割承継法人に移転します。分割事業の資産負債の差額（簿価純資産価額）相当額の資本金等の額及び利益積立金額が減少します（法人税法62の２②，法人税施行令８①十五，９①十）。

ハ　Ｃ社の取扱い

　分割承継法人は，帳簿価額で移転事業の資産及び負債を受け入れます。適格分割型分割であるため，移転資産と負債の差額相当額（移転事業の簿価純資産価額）の資本金等の額及び利益積立金額を引き継ぎます（法人税施行令８①六，９①三）。

ニ　親会社ａの取扱い

　無対価分割により分割法人の価値が減少し，分割承継法人は無対価で事業を承継するため価値が増加します。そのため，分割法人が所有する分割法人株式の帳簿価額を減算し，分割承継法人株式の帳簿価額を加算する処理を行います（法人税施行令119の３⑱⑲）。

第3節　会社分割の税務処理

Q3 -9　適格分割型分割における分割法人の取扱い

適格分割型分割が行われた場合の，分割法人の取扱いを教えてください。

(ポイント)

- ●分割承継法人に移転する資産及び負債は，簿価で移転する。
- ●会社分割によって分割承継法人に移転する資産及び負債の差額（簿価純資産の額）相当額の純資産が減少する。

A　1．概　要

　法人が会社分割を行った場合，原則として移転資産につき譲渡損益を認識しなければなりませんが，適格分割型分割においては，分割法人から分割承継法人への資産は帳簿価額で引き継がれ，譲渡損益の課税は繰り延べられます。

　分割法人の減少する純資産の額は，分割承継法人に引き継がれる資産及び負債の帳簿価額の差額（移転事業の簿価純資産の額）となります。この減少する純資産の部の内訳は，下記2．のとおりです。

2．減少する純資産の部
(1)　資本金の減少額

　分割法人が，会社法の規定に従って任意に決めた額を減少させます。

(2)　資本金の額以外の資本金等の額の減少額

　次の計算式で算出した金額を減少させます（法人税法2十六，法人税施行令8①一, 十五）。

　減少額 ＝ (イ) − 上記(1)

$$\text{(イ)}\quad \underset{\text{前の資本金等の額}}{\text{分割法人の分割直}} \times \frac{\underset{\text{（分割事業の簿価純資産）}}{\text{分割法人の分割直前の移転資産簿価－移転負債簿価}}}{\underset{\text{（小数点以下３位未満切り上げ）}}{\text{分割法人の前期末の簿価純資産}^{※}}}$$

> ※　前期末から分割直前までに資本金等の額又は利益積立金額に変動がある場合には，その額を調整した額

(3)　利益積立金額の減少額

次の計算式で算出した金額を減少させます（法人税法２十八，法人税施行令９①一，十）。

減少額 ＝ 分割事業の簿価純資産 － 上記(2)(イ)

分割事業の簿価純資産 ＝ 移転資産の帳簿価額 － 移転負債の帳簿価額

３．資産・負債の移転

適格分割型分割の場合，資産及び負債を分割承継法人に帳簿価額で移転します（法人税法62の２）。会計上は時価で移転する場合であっても，税務上は簿価で移転する処理をする必要があります（会計上と税務上の差異は，法人税の別表で調整します）。

４．ケーススタディ（単独新設分割型分割）

(1)　前　提

Ａ社（分割会社）が，乙事業を行うＣ社を新たに設立する新設分割型分割を行います。

＜前提＞

- ●分割法人の直前期末の簿価純資産：500
- ●甲事業の簿価純資産：300，時価純資産：800
- ●乙事業の簿価純資産：200，時価純資産：700
- ●下記貸借対照表の資産の（　）は，時価を表します。
- ●減額させる資本金の額：80

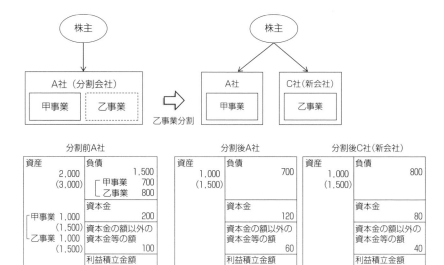

(2) A社（分割法人）の税務上の取扱い

① A社からC社に対する資産及び負債の移転

A社は，乙事業の資産及び負債を新会社であるC社に移転し，利益積立金額を減少させ，分割の対価としてC社株式を受け取ります。

● 減少する資本金等の額（上記**2**．(2)(イ)の算式より）

$$(200+100) \times \frac{1,000-800}{2,000-1,500} = 120$$

● 減少する利益積立金額

200 － 120（上記減少する資本金等の額）＝ 80

＜A社からC社への資産・負債の移転＞

(借) 負債	800	(貸) 資産	1,000
利益積立金額	80		
C社株式	120		

②　A社がA社株主にC社株式の交付

　A社は，C社から交付を受けたC社株式をA社株主に交付（配当）し，対応する資本金，資本金の額以外の資本金等の額を減額させます。減額させる資本金の額（80）は，分割法人であるA社が任意で決定し，資本金の額以外の資本金等の額は，C社株式（120）と減少する資本金の額（80）との差額（40）です。

＜A社がA社株主にC社株式の交付＞

（借）資本金	80	（貸）C社株式	120
資本金の額以外の資本金等の額	40		

Q3 -10 | 適格分割型分割における分割承継法人の資産・負債，資本金等の額，利益積立金額の計上の取扱い

適格分割型分割が行われた場合の，分割承継法人の資産・負債，資本金等の額及び利益積立金額の計上の取扱いを教えてください。

(ポイント)

- 分割法人から承継する資産及び負債は，簿価で受け入れる。
- 会社分割によって分割法人から承継する資産及び負債の差額（簿価純資産の額）相当額の純資産が増加する。

1．増加する純資産の部

(1)　資本金の増加額

分割承継法人が，会社法の規定に従って任意に決めた額を増加させます。

(2)　資本金の額以外の資本金等の額の増加額

次の計算式で算出した金額を増加させます（法人税法2十六，法人税施行令8①六）。

増加額 = (イ) − 上記(1)

$$(イ)\quad 分割法人の分割直前の資本金等の額 \times \frac{分割法人の分割直前の移転資産簿価−移転負債簿価（分割事業の簿価純資産）}{分割法人の前期末の簿価純資産^{※1}（小数点以下3位未満切り上げ）}$$

※1　前期末から分割直前までに資本金等の額又は利益積立金額に変動がある場合には，その額を調整した額
　　　(イ)の算式により計算される額は，分割法人の資本金等の額の減少額と同額になります。

(3)　利益積立金額の増加額

次の計算式で算出した金額を増加させます（法人税法２十八，法人税施行令９①三）。

増加額 ＝ 分割事業の簿価純資産 − 上記(2)(イ)

分割事業の簿価純資産 ＝ 移転資産の帳簿価額 − 移転負債の帳簿価額

(4)　抱合株式がある場合

分割型分割の場合において，分割承継法人が会社分割の前に分割法人の株式を保有しているとき又は分割承継法人に移転する資産の中に分割法人株式（抱合株式）があるときは，分割承継法人が有する又は有することになる分割法人株式について，分割法人の株主として分割対価が交付されます。この分割対価が分割承継法人の株式であるときは，自己株式が割り当てられることになります。この場合，次の計算式で計算した金額を，前記(2)の資本金の額以外の資本金等の額から減額します（法人税施行令８①二十一イ，119①六，119の8①，23①二）。

$$\text{分割法人株式の簿価} \times \frac{\substack{\text{分割法人の分割直前の移転資産簿価−移転負債簿価}\\(\text{分割事業の簿価純資産})}}{\substack{\text{分割法人の前期末の簿価純資産}^{※2}\\(\text{小数点以下３位未満切り上げ})}}$$

※２　前期末から分割直前までに資本金等の額又は利益積立金額に変動がある場合には，その額を調整した額

2．資産・負債の移転

適格分割型分割に該当するため，資産及び負債は分割法人から帳簿価額で引き継ぎます（法人税施行令123の3）。会計上は時価で移転する場合であっても，税務上は簿価で移転する処理をする必要があります（会計上と税務上の差異は，法人税の別表で調整します）。

3. ケーススタディ（単独新設分割型分割）

(1) 前 提

A社（分割会社）が，乙事業を行うC社を新たに設立する新設分割型分割を行います。

【前提】

- 分割法人の直前期末の簿価純資産：500
- 甲事業の簿価純資産：300，時価純資産：800
- 乙事業の簿価純資産：200，時価純資産：700
- 下記貸借対照表の資産の（　）は，時価を表します。
- 増額させる資本金の額：80

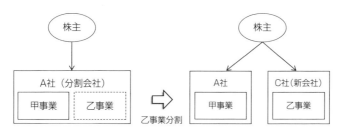

⑵　C社（分割承継法人）の税務上の取扱い

①　A社からC社に対する資産及び負債の承継

　C社は，A社から乙事業の資産及び負債を帳簿価額で承継し，資本金等の額及び利益積立金額を引き継ぎます。

- 増加する資本金等の額（上記**1.**⑵⑷の算式より）

$$(200+100) \times \frac{1,000-800}{2,000-1,500} = 120$$

　したがって，増加する資本金は80で，資本金の額以外の資本金等の額は40（120 － 80）となります。

- 引き継ぐ利益積立金額

　200 － 120（上記増加する資本金等の額）＝ 80

＜A社からC社への資産・負債の移転＞

(借) 資産	1,000	(貸) 負債	800
		資本金	80
		資本金の額以外の資本金等の額	40
		利益積立金額	80

Q3 -11 適格分割型分割における株主の取扱い

適格分割型分割が行われた場合の株主の取扱いを教えてください。

(ポイント)

- 分割承継法人の株主は，原則として課税関係は発生しない。
- 分割法人の株主の主な税務論点は，みなし配当，株式譲渡損益，株式帳簿価額修正の３つがあげられる。

  税制適格分割の場合には，みなし配当，株式譲渡損益は発生せず，分割法人株式の帳簿価額の修正のみ行う。

 ## 1．分割承継法人の株主

会社分割が行われた場合，分割承継法人の株主は原則^(注)として課税関係は発生しません。

(注) 不合理な分割比率等によって，一方の株主に価値が移転する場合には，贈与税等の課税関係が発生するおそれがあります。

2．分割法人の株主

会社分割に係る分割法人の株主の主な税務論点は，みなし配当，株式の譲渡損益，株式帳簿価額の修正です。このうち株式帳簿価額の修正のみ行います。

(1) みなし配当

適格分割の場合，みなし配当は発生しません（法人税法24①二，所得税法25①二）。

(2) 譲渡損益

適格分割の場合，分割法人株式の譲渡損益は発生しません（法人税法61の2④，措置法37の10③二）。

(3)　株式帳簿価額の修正

　会社分割により分割法人の純資産額の一部が分割承継法人に移転するため，その移転した（簿価）純資産額に相当する分割法人株式の帳簿価額を減少させます。一方，新たに取得する分割承継法人株式の取得価額は，減少する分割法人株式の帳簿価額相当額となり，分割法人株式から分割承継法人株式への帳簿価額の付替えを行います（法人税法61の2④，法人税施行令119の3⑱，119①六，所得税施行令113①③）。

分割法人の株式	分割前の税務上簿価 − 分割純資産対応帳簿価額[※1]
交付を受けた分割承継法人株式	分割純資産対応帳簿価額 + 交付を受けるために要した費用

> [※1]　分割純資産対応帳簿価額（法人税法61の2④，法人税施行令119の8①，23①二，所得税施行令113①，61②二）

$$\text{分割法人株式の簿価} \times \frac{\substack{\text{分割法人の分割直前の移転資産簿価−移転負債簿価}\\ \text{（分割事業の簿価純資産）}}}{\substack{\text{分割法人の前期末の簿価純資産}^{※2}\\ \text{（小数点以下3位未満切り上げ）}}}$$

> [※2]　前期末から分割直前までに資本金等の額又は利益積立金額に変動がある場合には，その額を調整した額

(4)　ケーススタディ

①　前　提

【前提】

- 分割法人の直前期末の簿価純資産：500
- 甲事業の簿価純資産：300，時価純資産：800
- 乙事業の簿価純資産：200，時価純資産：700
- 下記貸借対照表の資産の（　）は，時価を表します。
- 増額させる資本金の額：80
- 株主のA社株式の取得価額：300
- 分割法人の株主が分割承継法人株式の交付に要した費用は0（ゼロ）とし

ます。

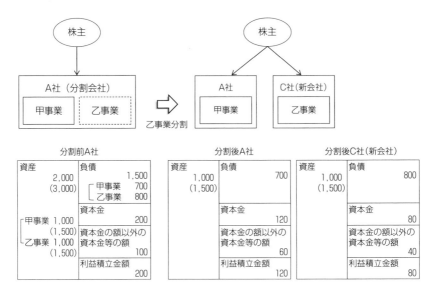

② 分割法人株主の分割法人株式の帳簿価額修正

以下の帳簿価額の修正等を行います。

分割法人の株式 （A社株式）	分割前の税務上簿価 − 分割純資産対応帳簿価額 300 −（300 × 200/500）＝ 180
交付を受けた分割承継 法人株式（C社株式）	分割純資産対応帳簿価額＋交付を受けるために要した費用 （300 × 200/500）＋ 0 ＝ 120

Q3 -12

非適格分割型分割における分割法人の純資産の部の取扱い

非適格分割型分割が行われた場合の分割法人の純資産の部の取扱いを教えてください。

(ポイント)

- 分割承継法人に移転する資産及び負債は，時価で移転する（譲渡損益を認識）。
- 分割法人は，会社分割によって分割承継法人に移転する資産及び負債の時価純資産相当額の純資産が減少する。

A

1．資産・負債の移転

　非適格分割型分割に該当する場合，資産及び負債は分割承継法人に時価で譲渡されます（法人税法62）。当該譲渡損益は，分割法人の損金の額又は益金の額に算入します。会計上は簿価で移転する場合であっても，税務上は時価で移転する処理をする必要があります（会計上と税務上の差異は，法人税の別表で調整します）。

2．減少する純資産の部

　分割法人の減少する純資産の額は，分割承継法人に移転する資産及び負債の時価相当額の差額（移転事業の時価純資産）です。この減少する純資産の部の内訳は次のとおりです。

(1)　資本金の減少額

　分割法人が，会社法の規定に従って任意に決めた額を減少させます。

(2)　資本金の額以外の資本金等の額の減少額

　次の計算式で算出した金額を減少させます（法人税法2十六，法人税施行令8

①十五）。

減少額 ＝ ①※1 － 上記(1)

$$
① \quad
\begin{array}{l}
\text{分割法人の分割直前}\\
\text{の資本金等の額}
\end{array}
\times
\dfrac{
\begin{array}{c}
\text{分割法人の分割直前の移転資産簿価－移転負債簿価}\\
\text{（分割事業の簿価純資産）}
\end{array}
}{
\begin{array}{c}
\text{分割法人の前期末の簿価純資産}※2\\
\text{（小数点以下３位未満切り上げ）}
\end{array}
}
$$

> ※1　①の金額が分割法人の株主等に交付した分割承継法人の株式その他資産の価額を超えるときは，その超える部分の金額を減算した額
>
> ※2　前期末から分割直前までに資本金等の額又は利益積立金額に変動がある場合には，その額を調整した額

(3)　利益積立金額の減少額

次の計算式で算出した金額を減少させます（法人税法２十八，法人税施行令9①九）。

減少額※3 ＝ 分割法人の株主等に交付した金銭等の額の合計額 － 上記(2)①

> ※3　利益積立金額の減少額の20.42％相当額の源泉徴収が必要です。

３．ケーススタディ（単独新設分割型分割）

(1)　前　提

A社（分割会社）が新設会社C社に乙事業を移転する分割型分割を行います。

【前提】

- 分割法人の直前期末の簿価純資産：500
- 甲事業の簿価純資産：300，時価純資産：800
- 乙事業の簿価純資産：200，時価純資産：700
- 下記貸借対照表の資産の（　）は，時価を表します。
- 減額させる資本金の額：80
- 分割に伴う譲渡益に対する課税（法人税等）は考慮しないものとします。

分割前A社		分割後A社		分割後C社（新会社）	
資産	負債	資産	負債	資産	負債
2,000	1,500	1,000	700	1,500	800
(3,000)	┌ 甲事業　700	(1,500)		(1,500)	
	└ 乙事業　800				
	資本金		資本金		資本金
	200		120		80
┌甲事業 1,000	資本金の額以外の		資本金の額以外の		資本金の額以外の
(1,500)	資本金等の額		資本金等の		資本金等の額
└乙事業 1,000	100		額 60		620
(1,500)	利益積立金額		利益積立金額		利益積立金額
	200		120		0

(2)　A社（分割法人）の税務上の取扱い

①　A社からC社に対する資産及び負債の移転

　A社は，乙事業の資産及び負債を新会社であるC社に時価で譲渡したものとして譲渡益500相当額の利益積立金額を増やし，移転時価純資産相当額のC社株式（700）を受け入れます。

＜A社からC社への資産・負債の移転＞

（借）負債	800	（貸）資産	1,000
C社株式	700	利益積立金額（譲渡益）※4	500

※4　A社とC社との間に完全支配関係がある場合には，グループ法人税制により譲渡益への課税が繰り延べられる場合があります（**Q3-24**参照）。

②　A社がA社株主にC社株式の交付

　A社は，乙事業の資産及び負債を新会社であるC社に移転し，分割の対価としてC社株式を受け取ります。A社は，C社株式をA社株主に交付し，対応する資本金，資本金の額以外の資本金等の額及び利益積立金額を減額させます。

- ●減少する資本金等の額

$$(200 + 100) \times \frac{1,000 - 800}{2,000 - 1,500} = 120$$

- ●減少する資本金の額以外の資本金等の額

　　$120 - 80 = 40$

● 減少する利益積立金額

　C社株式700と減少する資本金等の額（80＋40＝120）との差額（580）

＜A社がA社株主にC社株式の交付＞

（借）資本金	80	（貸）C社株式	700
資本金の額以外の資本金等の額	40		
利益積立金額	580		

Q3 -13 | 非適格分割型分割における分割承継法人の資産・負債，資本金等の額，利益積立金額の計上の取扱い

非適格分割型分割が行われた場合の，分割承継法人の資産・負債，資本金等の額及び利益積立金額の計上の取扱いを教えてください。

ポイント

- 分割法人から承継する資産及び負債は，時価で受け入れる。
- 会社分割によって分割法人から承継する資産及び負債の差額（時価純資産の額）相当額の純資産が増加する。
- 分割承継法人において増加する時価純資産額のうち，資本金以外の金額は，すべて資本金額以外の資本金等の額になる（利益積立金を引き継がない）。

1．資産・負債の移転

　非適格分割型分割に該当する場合，資産及び負債は分割法人から時価で引き継ぎます（法人税施行令123）。会計上は簿価で移転する場合であっても，税務上は時価で移転する処理をする必要があります（会計上と税務上の差異は，法人税の別表で調整します）。

2．増加する純資産の部

(1)　資本金の増加額

　分割承継法人が，会社法の規定に従って任意に決めた額を増加させます。

(2)　資本金の額以外の資本金等の額の増加額

　次の計算式で算出した金額を増加させます（法人税施行令8①六）。

増加額＝分割事業時価純資産価額 － 上記(1)

分割事業時価純資産価額＝分割型分割時の移転資産の価額 － 移転負債の価額

(3) 利益積立金額の増加額

　非適格分割型分割のため，利益積立金額は引き継ぎません。よって，増加額は０（ゼロ）です。

(4) 抱合株式がある場合

　適格分割型分割と同様（**Q３−10**参照），分割承継法人が会社分割の前に分割法人の株式を保有している場合又は分割承継法人に移転する資産の中に分割法人株式（抱合株式）がある場合において，その保有する又は移転を受ける分割法人株式について分割法人の株主として分割対価の交付を受け，さらにその分割対価が分割承継法人の株式であるときは，自己株式が割り当てられることになります。

　この場合，上記(2)の増加する資本金の額以外の資本金等の額の増加額には抱合株式に対して割り当てた金銭等の価額が含まれます。そして，次の①又は②によって計算した金額を，上記(2)の資本金の額以外の資本金等の額から減額調整を行います（法人税法２十六，法人税施行令８①二十一）。

　①　分割により株式のみが交付される場合
　　　株式割当等を受けた自己株式の<u>簿価</u>※1

　②　分割により株式以外の金銭等が交付される場合
　　　株式割当等を受けた自己株式の<u>時価</u>

　　※1　以下の算式で計算した金額（法人税施行令８①二十一イ，119①六，二十七，119の8①，23①二）

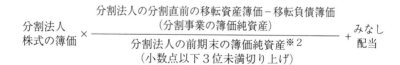

　　※2　前期末から分割直前までに資本金等の額又は利益積立金額に変動がある場合には，その額を調整した額

３．ケーススタディ（単独新設分割型分割：金銭等の交付はないものとします）

(1)　前　提

A 社（分割会社）が新設会社 C 社に乙事業を移転する分割型分割を行います。

＜前提＞

- 分割法人の直前期末の簿価純資産：500
- 甲事業の簿価純資産：300，時価純資産：800
- 乙事業の簿価純資産：200，時価純資産：700
- 下記貸借対照表の資産の（　）は，時価を表します。
- 増額させる資本金の額：80

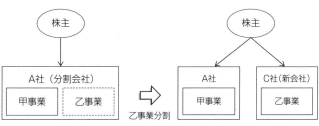

(2) C社（分割承継法人）の税務上の取扱い
——A社からC社に対する資産及び負債の承継

　C社は，A社から乙事業の資産及び負債を時価で受け入れ，利益積立金額は引き継ぎません。資本金は会社が任意で決め（80），受入時価純資産（700）から計上する資本金の額を控除した差額（620）を，資本金の額以外の資本金等の額として計上します。

＜A社からC社への資産・負債の移転＞

（借）資産	1,500	（貸）負債	800
		資本金	80
		資本金の額以外の資本金等の額	620

Q3 -14 | 非適格分割型分割における株主の取扱い

非適格分割型分割が行われた場合の株主の取扱いを教えてください。

ポイント

● 分割承継法人の株主は，原則として課税関係は発生しない。

● 分割法人の株主の主な税務論点は，みなし配当，株式譲渡損益，株式帳簿価額修正の３つがあげられる。

● 分割対価として金銭等の交付があるときは，みなし配当，株式譲渡損益，分割法人株式の帳簿価額の修正が必要となる。

● 分割対価として分割承継法人の株式等のみの交付のときは，株式譲渡損益の認識はしない。

1．分割承継法人の株主

分割承継法人の株主は，原則※1として課税関係は発生しません。

※1　不合理な分割比率等によって一方の株主に価値が移転する場合には，贈与税等の課税関係が発生するおそれがあります。

2．分割法人の株主

(1)　分割承継法人株式以外の資産（金銭等）の交付がある場合

①　みなし配当

交付を受けた株式の価額及び金銭等の額の合計額から，当該分割法人の資本金等の額のうち交付の起因となった株式に対応する部分の金額を控除した額を，みなし配当※2として認識します（法人税法24①二，所得税法25①二）。

※2　みなし配当の20.42％相当額が源泉徴収されます。

②　譲渡損益

分割法人への投資が一部清算されたと考え，分割法人株式の譲渡損益を認識

します。

　この場合における譲渡対価は，交付を受けた株式の価額及び金銭等の額の合計額から①のみなし配当の金額を控除した額となります。また，譲渡原価は，旧分割法人株式のうち，分割承継法人に移転した分割法人の（簿価）純資産に相当する額となります（法人税法61の2④，法人税施行令119の8①，23①二，措置法37の10③二，租税特別措置法（株式等に係る譲渡所得等関係）の取扱い（措置法通達）37の10−2）（詳細は**Q3−11**参照）。

③　株式帳簿価額の修正

　会社分割により分割法人の純資産の一部が分割承継法人に移転するため，その移転した（簿価）純資産に相当する分割法人株式の価値を減少させます。一方，新たに取得する分割承継法人株式の取得価額は，会社分割時の時価相当額となります（法人税法61の2④，法人税施行令119の3⑱，119①二十七，所得税施行令109①六，113①③）。

分割法人の株式	分割前の税務上簿価 − 分割純資産対応帳簿価額※3
交付を受けた分割承継法人株式	分割時における時価

※3　分割純資産対応帳簿価額（法人税法61の2④，法人税施行令119の8①，23①二，所得税施行令113①，61②二）

$$\text{分割法人株式の簿価} \times \frac{\text{分割法人の分割直前の移転資産簿価−移転負債簿価（分割事業の簿価純資産）}}{\text{分割法人の前期末の簿価純資産※4}}$$

（小数点以下3位未満切り上げ）

※4　前期末から分割直前までに資本金等の額又は利益積立金額に変動がある場合には，その額を調整した額

(2)　分割承継法人株式以外の資産（金銭等）の交付がない場合

①　みなし配当

　交付を受けた株式の価額から，当該分割法人の資本金等の額のうち交付の起

因となった株式に対応する部分の金額を控除した額を，みなし配当※5として
認識します（法人税法24①二，所得税法25①二）。

　　※5　みなし配当の20.42%相当額が源泉徴収されます。

②　譲渡損益

　金銭等の交付がない場合には，投資が継続されているものと考え，譲渡損益
を認識しません（譲渡対価と譲渡原価が，いずれも分割純資産対応帳簿価額と
され同額となるため，譲渡損益が発生しません）（法人税法61の2④，措置法37
の10③二）。

③　株式帳簿価額の修正

　会社分割により分割法人の純資産の一部が分割承継法人に移転するため，そ
の移転した（簿価）純資産額に相当する分割法人株式の帳簿価額を減少させま
す。一方，新たに取得する分割承継法人株式の取得価額は，減少する分割法人
株式の帳簿価額相当額にみなし配当の額を加算した額となります（法人税法61
の2④，法人税施行令119の3⑱，119①六，所得税施行令113①③）。

分割法人の株式	分割前の税務上簿価 － 分割純資産対応帳簿価額
交付を受けた分割承継法人株式	分割純資産対応帳簿価額 ＋ みなし配当 ＋ 交付を受けるためめに要した費用

Q3 -15 適格分社型分割における分割法人の取扱い

適格分社型分割が行われた場合の，分割法人の取扱いを教えてください。

ポイント

- 会社分割によって分割承継法人に資産及び負債が簿価移転し，対価として分割承継法人の株式を取得する。
- 分割承継法人から取得する分割承継法人株式の取得価額は，分割承継法人に移転した資産及び負債の差額（簿価純資産の額）相当額となる。
- 分割法人の簿価純資産の額は減少しない。

1．資産・負債の移転

適格分割に該当する場合，資産及び負債は分割承継法人に帳簿価額で移転されます（法人税法62の3）。会計上は時価で移転する場合であっても，税務上は簿価で移転する処理をする必要があります（会計上と税務上の差異は，法人税の別表で調整します）。

2．ケーススタディ（単独新設分社型分割）

(1) 前提

A社（分割会社）が新設会社C社に乙事業を移転する分社型分割を行います。
<前提>

- 分割法人の直前期末の簿価純資産：500
- 甲事業の簿価純資産：300，時価純資産：800
- 乙事業の簿価純資産：200，時価純資産：700
- 下記貸借対照表の資産の（ ）は，時価を表します。
- C社において増額させる資本金の額：80

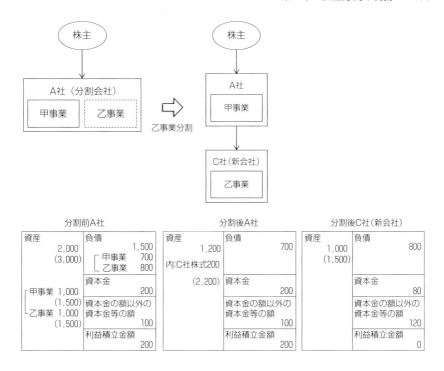

(2)　A社の税務上の取扱い
——A社からC社に対する資産及び負債の移転

　A社は，乙事業の資産及び負債を新会社であるC社に移転し，分割の対価としてC社株式を受け取ります。このC社株式の取得価額は，C社に移転した資産及び負債の帳簿価額の差額（簿価純資産）相当額（200）になります。そのため，A社は，乙事業の簿価純資産相当額（200）が減少しますが，同額がC社株式の取得価額（200）となり，純資産の額の変動はありません（法人税施行令119①七）。

＜A社からC社への資産・負債の移転＞

（借）負債	800	（貸）資産	1,000
C社株式	200		

Q3-16 適格分社型分割における分割承継法人の資産・負債，資本金等の額，利益積立金額の計上の取扱い

適格分社型分割が行われた場合の，分割承継法人の資産・負債，資本金等の額及び利益積立金額の計上の取扱いを教えてください。

(ポイント)

● 分割法人から承継する資産及び負債は，簿価で受け入れる。

● 会社分割によって分割法人から承継する資産及び負債の差額（簿価純資産の額）相当額の純資産が増加する。

● 増加する純資産は，資本金か資本金の額以外の資本金等の額として計上する。

A

1．資産・負債の移転

適格分社型分割に該当するため，資産及び負債は分割法人から帳簿価額で引き継ぎます（法人税施行令123の4）。会計上は時価で移転する場合であっても，税務上は簿価で移転する処理をする必要があります（会計上と税務上の差異は，法人税の別表で調整します）。

2．増加する純資産の部

分割承継法人の増加する純資産の額は，分割法人から受け入れる資産及び負債の帳簿価額の差額（移転事業の簿価純資産）が増加します。この増加する純資産の部の内訳は，資本金に計上しなかった部分の金額は，全額が資本金の額以外の資本金等の額となります。

(1) 資本金の増加額

分割承継法人が，会社法の規定に従って任意に決めた額を増加させます。

⑵　資本金の額以外の資本金等の額の増加額

分割法人から承継した分割事業の簿価純資産額 − 資本金に計上した額（法人税法2十六，法人税施行令8①七）。

⑶　利益積立金額の増加額

増加しません。

３．ケーススタディ（単独新設分社型分割）

A社（分割会社）が新設会社C社に乙事業を移転する分社型分割を行います。

＜前提＞

- 分割法人の直前期末の簿価純資産：500
- 甲事業の簿価純資産：300，時価純資産：800
- 乙事業の簿価純資産：200，時価純資産：700
- 下記貸借対照表の資産の（　）は，時価を表します。
- C社において増額させる資本金の額：80

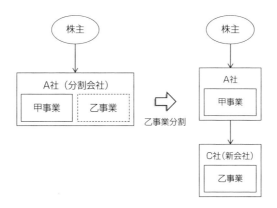

分割前A社		
資産		負債
	2,000		1,500
	(3,000)	┌甲事業	700
	|└乙事業|800
	|資本金|200
┌甲事業	1,000	資本金の額以外の
	(1,500)	資本金等の額	100
└乙事業	1,000	
	(1,500)	利益積立金額	200

分割前A社		
資産 2,000 (3,000)	負債 1,500 ┌甲事業 700 └乙事業 800	
┌甲事業 1,000 (1,500) └乙事業 1,000 (1,500)	資本金 200	
	資本金の額以外の資本金等の額 100	
	利益積立金額 200	

分割後A社	
資産 1,200 内:C社株式200 (2,200)	負債 700
	資本金 200
	資本金の額以外の資本金等の額 100
	利益積立金額 200

分割後C社(新会社)	
資産 1,000 (1,500)	負債 800
	資本金 80
	資本金の額以外の資本金等の額 120
	利益積立金額 0

　C社は，A社から乙事業の資産及び負債を帳簿価額で承継します。乙事業の簿価純資産額（200）から資本金に計上した額（80）との差額（120）を資本金の額以外の資本金等の額に計上します。

＜C社の税務上の取扱い＞

（借）資産	800	（貸）負債	800
	200	資本金	80
		資本金の額以外の資本金等の額	120

Q3 -17

適格分社型分割における株主の取扱い

適格分社型分割が行われた場合の，株主の取扱いを教えてください。

(ポイント)

● 分割承継法人の株主は，原則として課税関係は発生しない。

● 分割法人の株主は，課税関係は発生しない。

A

1．分割承継法人の株主

会社分割が行われた場合，分割承継法人の株主は原則^(注)として課税関係は発生しません。これは，分割承継法人の財産につき，何ら変化がないためです。

(注)　不合理な分割比率等によって一方の株主に価値が移転する場合には，贈与税等の課税関係が発生するおそれがあります。

2．分割法人の株主

分社型分割の場合，適格，非適格や金銭交付の有無に関わらず，分割法人の株主に課税関係は発生しません。これは，分割法人の会社価値に変動がないためです（減少する純資産に対応して，分割承継法人の株式を受け入れるため）。よって，みなし配当，株式譲渡損益，株式帳簿価額の修正のいずれも発生しません。

Q3-18 | 非適格分社型分割における分割法人の取扱い

非適格分社型分割が行われた場合の，分割法人の取扱いを教えてください。

ポイント

- 会社分割によって分割承継法人に資産及び負債が時価で移転し，対価として分割承継法人の株式を取得する。
- 分割承継法人から取得する分割承継法人株式の取得価額は，分割承継法人株式の時価（分割承継法人に移転した資産及び負債の時価差額）相当額となる。
- 分割法人の時価純資産の額は変動しない。

A | 1．資産・負債の移転

非適格分割に該当する場合，資産及び負債は分割承継法人に時価で移転されます（法人税法62）。会計上は簿価で移転する場合であっても，税務上は時価で移転する処理をする必要があります（会計上と税務上の差異は，法人税の別表で調整します）。

2．ケーススタディ（単独新設分社型分割）

(1) 前 提

A社（分割会社）が，乙事業を行うC社を新たに設立する新設分社型分割を行います。

<前提>

- 分割法人の直前期末の簿価純資産：500
- 甲事業の簿価純資産：300，時価純資産：800
- 乙事業の簿価純資産：200，時価純資産：700
- 下記貸借対照表の資産の（ ）は，時価を表します。
- C社において増額させる資本金の額：80

● 分割に伴う譲渡益に対する課税（法人税等）は考慮しないものとします。

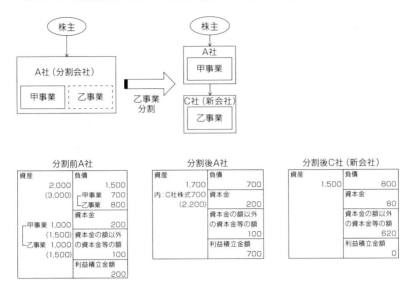

(2) **A社の税務上の取扱い（A社からC社に対する資産及び負債の移転）**

　A社は，乙事業の資産及び負債を新会社であるC社に時価で譲渡したものとして，譲渡益相当額の利益積立金額を増やし，C社株式を時価（移転時価純資産相当額）700で受け入れます（法人税施行令119①二十七）。

＜A社からC社への資産・負債の移転＞

（借）負債	800	（貸）資産	1,000
C社株式	700	利益積立金額（譲渡益）※	500

※　A社とC社との間に完全支配関係がある場合には，グループ法人税制により譲渡益への課税が繰り延べられる場合があります（**Q3-24**参照）。

Q3-19 非適格分社型分割における分割承継法人の資産・負債，資本金等の額，利益積立金額の計上の取扱い

非適格分社型分割が行われた場合の，分割承継法人の資産・負債，資本金等の額及び利益積立金額の計上の取扱いを教えてください。

(ポイント)

- 分割法人から承継する資産及び負債は，時価で受け入れる。
- 会社分割によって分割法人から承継する資産及び負債の差額（時価純資産の額）相当額の純資産が増加する。
- 増加する純資産の内訳は，資本金か資本金の額以外の資本金等の額となる（利益積立金は引き継がない）。

A

1．資産・負債の移転

非適格分社型分割に該当する場合，資産及び負債は分割法人から時価で引き継ぎます（法人税施行令123）。会計上は簿価で移転する場合であっても，税務上は時価で移転する処理をする必要があります（会計上と税務上の差異は，法人税の別表で調整します）。

2．増加する純資産の額

分割承継法人の増加する純資産の額は，分割法人から受け入れる資産及び負債の時価相当額の差額（移転事業の時価純資産）です。この増加する純資産の内訳は，資本金に計上しなかった部分の金額は，全額が資本金の額以外の資本金等の額となります。

(1) 資本金の増加額

分割承継法人が，会社法の規定に従って任意に決めた額を増加させます。

⑵ **資本金の額以外の資本金等の額の増加額**

　分割法人から承継した分割事業の時価純資産額 −（資本金に計上した額 ＋ 交付金銭等）（法人税法2十六，法人税施行令8①七）。

⑶ **利益積立金額の増加額**

　増加しません。

3．ケーススタディ（単独新設分社型分割）

　A社（分割会社）が新設会社C社に乙事業を移転する分社型分割を行います。

＜前提＞

- 分割法人の直前期末の簿価純資産：500
- 甲事業の簿価純資産：300，時価純資産：800
- 乙事業の簿価純資産：200，時価純資産：700
- 下記貸借対照表の資産の（ ）は，時価を表します。
- C社において増額させる資本金の額：80

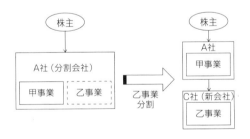

分割前A社	分割後A社	分割後C社（新会社）

分割前A社

資産		負債	
	2,000		1,500
	(3,000)	┌甲事業	700
		└乙事業	800
		資本金	
┌甲事業	1,000		200
│	(1,500)	資本金の額以外	
└乙事業	1,000	の資本金等の額	
	(1,500)		100
		利益積立金額	
			200

分割後A社

資産		負債	
	1,700		700
内：C社株式		資本金	
	700		200
	(2,200)	資本金の額以外	
		の資本金等の額	
			100
		利益積立金額	
			700

分割後C社（新会社）

資産		負債	
	1,500		800
		資本金	
			80
		資本金の額以外	
		の資本金等の額	
			620
		利益積立金額	
			0

　C社は，A社から乙事業の資産及び負債を時価で受け入れ，利益積立金額は引き継ぎません。資本金は会社が任意で決め（80），受入時価純資産（700）から計上する資本金の額を控除した差額（620）を，資本金の額以外の資本金等の額として計上します。

＜C社の税務上の取扱い＞

（借）資産	1,500	（貸）負債	800
		資本金	80
		資本金の額以外の資本金等の額	620

Q3 -20　非適格分社型分割における株主の取扱い

非適格分社型分割が行われた場合の，株主の取扱いを教えてください。

(ポイント)

- 分割承継法人の株主は，原則として課税関係は発生しない。
- 分割法人の株主は，課税関係は発生しない。

1．分割承継法人の株主

会社分割が行われた場合，分割承継法人の株主は原則^(注)として課税関係は発生しません。

(注)　不合理な分割比率等によって一方の株主に価値が移転する場合には，贈与税等の課税関係が発生するおそれがあります。

2．分割法人の株主

分社型分割の場合，適格，非適格にかかわらず，分割法人の株主に課税関係は発生しません。これは，分割法人の会社価値に変動がないためです（減少する純資産に対応して，分割承継法人の株式を受け入れるため）。よって，みなし配当，株式譲渡損益，株式帳簿価額の修正のいずれも発生しません。

Q3 -21 | 分割法人株主のみなし配当課税

分割法人株主のみなし配当課税について整理してください。

(ポイント)

- 適格分割型分割及び分社型分割（適格・非適格ともに）の場合は，みなし配当課税はない。
- みなし配当課税の対象となるのは，非適格分割型分割の場合の分割法人の株主のみである。
- みなし配当に該当した場合，分割法人は源泉徴収が必要となる。

 ## 1．適格分割型分割及び分社型分割のみなし配当課税

適格分割型分割の場合，分割法人が減少させた利益積立金額がそのまま分割承継法人に引き継がれるため，みなし配当は生じません（法人税法24①二，所得税法25①二）。

分社型分割の場合，分割法人の資産構成は変更するものの純資産額の変動がないため，適格・非適格を問わず，分割法人株主にみなし配当は生じません（法人税法24①，所得税法25①）。

2．非適格分割型分割に係る分割法人株主に対するみなし配当課税

みなし配当課税が課されるのは，非適格分割型分割の場合の分割法人株主に限られます。

(1) みなし配当の額

次の算式で計算します（法人税法24①二，法人税施行令23①二，所得税法25①二，所得税施行令61②二）。

みなし配当の額 ＝ ① － ②

① 分割により交付を受けた金銭その他資産の額（時価）

②　$$\frac{\text{分割直前の分割資本金額等}^{※1}}{\text{分割直前の分割法人の発行済株式総数}} \times \text{分割法人の各株主が分割直前に有していた分割法人の株式数}$$

（※1）　$$\text{分割法人の分割直前の資本金等の額} \times \frac{\text{分割法人の分割直前の移転資産薄価－移転負債薄価（分割事業の薄価純資産）}}{\text{分割法人の前期末の簿価純資産}^{※2}}$$

（小数点以下3位未満切り上げ）

（※2）　前期末から分割直前までに資本金等の額又は利益積立金額に変動がある場合には，その額を調整した額

なお，みなし配当に該当する部分の金額につき，源泉徴収が必要となります（所得税法182①二）。

(2)　個人株主（分割法人の株主）

みなし配当は原則として所得税の総所得金額を構成し，超過累進税率により課税された上で，配当控除の規定が適用されます（所得税法92）。

(3)　法人株主（分割法人の株主）

みなし配当は法人の課税所得を構成しますが，受取配当等の益金不算入の対象となります（法人税法24①二，23①一）。

Q3 -22 | 分割法人株主の株式譲渡損益課税

分割法人株主の株式譲渡損益課税について整理してください。

ポイント

- 分社型分割の場合には株式譲渡損益は発生しない。
- 分割型分割の場合で，分割承継法人株式（又は親法人株式）以外の資産の交付を受けるときは，株式譲渡損益が発生する。

1．分社型分割の場合

分割法人株主は分割対価を収受しないため，譲渡損益は発生しません。

2．分割型分割の場合

(1) 分割承継法人の株式等以外の資産の交付がない場合

分割承継法人の株式等以外の資産の交付がない場合には，投資が継続しているものと考え，譲渡損益を認識しません（譲渡対価と譲渡原価が，いずれも分割純資産対応帳簿価額※1とされ同額となるため，譲渡損益が発生しません）（法人税法61の2④，措置法37の10③二）。

※1　分割純資産対応帳簿価額（法人税法61の2④，法人税施行令119の8①，23①二，所得税施行令113①，61②二）

$$分割法人株式の簿価 \times \frac{分割法人の分割直前の移転資産簿価 - 移転負債簿価}{（分割事業の簿価純資産）}$$
$$\frac{}{分割法人の前期末の簿価純資産※2}$$
（小数点以下3位未満切り上げ）

※2　前期末から分割直前までに資本金等の額又は利益積立金額に変動がある場合には，その額を調整した額

(2) 分割承継法人の株式等以外の資産（金銭等）の交付がある場合

分割法人への投資が一部清算されたと考え，分割法人株式の譲渡損益を認識

します。

　この場合における譲渡対価は，交付を受けた株式等の価額及び金銭等の額の合計額からみなし配当の金額を控除した額となります。また，譲渡原価は，旧分割法人株式のうち，分割承継法人に移転した分割法人の（簿価）純資産に相当する額となります（法人税法61の２④，法人税施行令119の８①，23①二，措置法37の10③二，措置法通達37の10－２）。

譲渡対価の額	交付された新株の時価 ＋ 交付金銭等 － みなし配当金額
譲渡原価の額	分割法人株式の簿価純資産対応帳簿価額

3. ケーススタディ

(1) 前　提

　A社（分割会社）がC社に乙事業を分割型分割により移転します。

＜前提＞

- ●分割法人の直前期末の簿価純資産：500
- ●乙事業の簿価純資産：200，時価純資産：700
- ●株主aのA社株式の取得原価：250
- ●分割対価は，C社株式（時価400）と，金銭300
- ●分割法人株主（株主a）の対価を受けるための費用：0（ゼロ）
- ●資産の（）は時価を表す。
- ●源泉徴収は省略

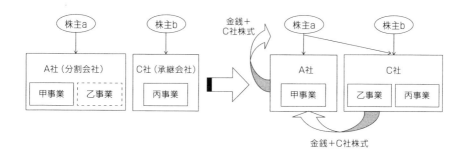

分割前A社

資産	負債
2,000	1,500
(3,000)	資本金
	200
	資本金の額以外
	の資本金等の額
	100
	利益積立金
	200

(2) 分割法人株主（株主 a）のみなし配当，株式譲渡損益，A 社株式帳簿価額の修正，C 社株式取得価額

① みなし配当の額

(イ) 分割対価（時価） $400 + 300 = 700$

(ロ) 分割事業に対応する資本金等の額 $(200 + 100) \times (200/500) = 120$

(ハ) みなし配当金額 $= 700 - 120 = 580$

② 譲渡損益

(イ) 譲渡対価 $(400 + 300) - 580 = 120$

(ロ) 譲渡原価 $250 \times (200/500) = 100$

(ハ) 譲渡損益 $120 - 100 = 20$（譲渡益）

③ A 社株式帳簿価額の修正

(イ) 分割前の税務上簿価 250

(ロ) 分割純資産対応帳簿価額 $250 \times (200/500) = 100$

(ハ) 修正後簿価 $250 - 100 = 150$

④ C 社株式の取得価額（株主 a）

分割時における C 社株式の時価 400

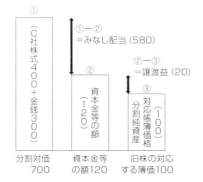

Q3 -23 非適格分割における税務上ののれんの取扱い

非適格分割が行われた場合に認識することがある正ののれん又は負ののれんの取扱いについて教えてください。

ポイント

- 分割法人が分割直前に行う事業及び当該事業に係る主要な資産又は負債の概ねすべてが分割承継法人に移転をする非適格分割においては，正ののれん，負ののれんを認識する場合がある。

- 税務上の正ののれんは，「資産調整勘定」として計上し，5年間（月割）で損金の額に算入しなければならない。

- 資産調整勘定は，分割対価の額が分割により受け入れた資産・負債の時価純資産価額を超える場合に計上する。

- 税務上の負ののれんは，「差額負債調整勘定」として計上し，5年間（月割）で益金の額に算入しなければならない。

- 負債調整勘定は，退職給付債務の引受けをした場合，短期重要債務の引受けをした場合，分割対価の額が分割により受け入れた資産・負債の時価純資産価額に満たない場合に計上する。

A 1．概 要

分割法人が分割直前に行う事業及び当該事業に係る主要な資産又は負債の概ねすべてが分割承継法人に移転する非適格分割の場合には，分割承継法人が非適格分割により交付した対価の額（以下，分割対価額）のうち，分割法人から移転を受けた資産・負債の時価純資産価額を超える部分又は満たない部分は資産調整勘定又は負債調整勘定として計上します（法人税法62の8，法人税施行令123の10①）。

なお，営業権のうち独立した資産として取引される慣習があるものは資産に，退職給与負債調整勘定・短期重要負債調整勘定は負債に含めて計算します。

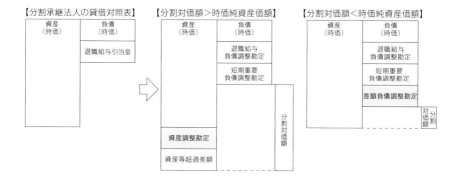

２．資産調整勘定

⑴　資産調整勘定の金額

　分割対価額が移転を受けた資産・負債の時価純資産価額を超える場合の，その超える部分のうち，資産等超過差額※1を除いた金額が資産調整勘定となります。なお，時価純資産価額がマイナスの場合の資産調整勘定は，分割対価額にそのマイナスの金額を加算した金額となります（法人税法62の8①，法人税施行令123の10④）。

> ※1　資産等超過差額とは，分割対価額が分割契約締結時の時価の2倍を超える場合等のその差額相当額や実質的に欠損金等とみられるものをいい，損金の額に算入することができません（法人税施行規則27の16）。

⑵　資産調整勘定の減額

　次の算式により計算した金額を減額し，損金の額に算入します（法人税法62の8④）。

$$減額する金額 ＝ 当初計上額 × \frac{その事業年度の月数※2（1月未満切上）}{60}$$

> ※2　非適格分割の日の属する事業年度である場合には，同日からその事業年度終了の日までの期間の月数

3．負債調整勘定

　負債調整勘定には，退職給与負債調整勘定，短期重要負債調整勘定，差額負債調整勘定があります。

(1)　退職給与負債調整勘定
①　退職給与負債調整勘定の金額

　分割承継法人が分割法人から引き継いだ従業者に係る退職給与債務（分割前の在職期間等を勘案して算定する旨を約したものに限る）の引受けをした場合には，一般に公正妥当と認められる会計処理の基準に従って算定した退職給付引当金額を退職給与負債調整勘定として計上します（法人税法62の8②）。

②　退職給与負債調整勘定の減額

　退職給与債務の引受けの対象となった従業者（以下，引受従業者）が退職等をしたとき又は引受従業者に退職給与を支給したときに下記により計算した金額を減額し，益金の額に算入します（法人税法62の8⑥⑧，法人税施行令123の10）。

　原則：減額の対象者数 × $\dfrac{\text{退職給与負債調整勘定の当初計上額}}{\text{引受従業者数}}$

　特例：対象となった引受従業者に係る退職給付引当金額（分割承継法人が引受従業者ごとの退職給付引当金額の明細書を保存している場合に限ります）

(2)　短期重要負債調整勘定
①　短期重要負債調整勘定の金額

　分割承継法人が分割法人から移転を受けた事業に係る将来の債務（退職給与債務引受額及び確定債務を除く）で，その履行が分割の日から概ね3年以内に見込まれるものについて，負担の引受けをした場合には，その見込額（移転資産の取得価額の合計額の20％を超える場合に限る）を短期重要負債調整勘定として計上します（法人税法62の8②，法人税施行令123の10⑧）。

② 短期重要負債調整勘定の減額

　下記の事由が生じたときに，それぞれの金額を減額し，益金の額に算入します（法人税法62の8⑥⑧）。

- ●実際に損失が生じたとき…その損失相当額
- ●非適格分割等の日から3年が経過したとき等…調整勘定の残額

(3) 差額負債調整勘定

① 差額負債調整勘定の金額

　分割対価額が分割法人から移転を受けた資産・負債の時価純資産価額に満たないときの，その満たない部分の金額を差額負債調整勘定として計上します（法人税法62の8③）。

② 差額負債調整勘定の減額

　次の算式により計算した金額を減額し，益金の額に算入します（法人税法62の8⑦）。

$$減額する金額 ＝ 当初計上額 \times \frac{その事業年度の月数^{※3}（1月未満切上）}{60}$$

　※3　非適格分割の日の属する事業年度である場合には，同日からその事業年度
　　　　終了の日までの期間の月数

4．明細書の添付

　上記の調整勘定を計上又は減額することとなった事業年度の確定申告書に，明細書を添付する必要があります（法人税施行令123の10⑨）。

Q3 -24 　完全支配関係の法人間での非適格分割における グループ法人税制

完全支配関係のある法人間で非適格分割が行われた場合の，グループ法人税制の取扱いについて教えてください。

(ポイント)

- 非適格分割の場合，分割法人においては，原則移転する資産に係る含み損益を認識する。ただし，完全支配関係のある法人間での非適格分割が行われた場合，譲渡損益調整資産の移転については，当該譲渡損益は繰り延べられることになる（グループ法人税制の対象となる）。
- 繰り延べた分割に係る「譲渡損益調整資産」の譲渡損益は，分割法人の利益積立金額に計上し，戻入れ事由が発生するまで認識しない。
- 分割承継法人は，通常の非適格分割と同様に時価で資産を受け入れる。

1．譲渡損益調整資産に係る譲渡損益の繰延べ（分割法人の取扱い）

① 譲渡損益調整資産

譲渡損益調整資産とは，固定資産，土地等（固定資産を除く），有価証券（売買目的有価証券を除く），金銭債権及び繰延資産のうち，分割法人の帳簿価額が1,000万円以上の資産をいいます（法人税法61の13①，法人税施行令122の14①）。

② 譲渡損益の繰延べ

非適格分割によって分割承継法人に譲渡損益調整資産を移転する場合には，その含み損益部分については，法人税申告書別表四で損金不算入又は益金不算入として調整し，譲渡損益を繰り延べます。この繰延方法等は，通常の完全支配関係のある法人間の資産譲渡と同じ処理になります。

２．分割承継法人の取扱い

　分割承継法人は，時価で資産を受け入れるため，通常の非適格分割と同様になります。

Q3 -25 | 会計処理と税務処理の差異に係る税務申告上の処理

会計処理と税務処理で差異が生じた場合，税務申告上どのように処理すればよいですか？

(ポイント)

- 分割承継法人の資産及び負債の受入処理につき，会計上と税務上で差異が生じる場合がある（例えば，会計上は取得の会計処理として時価受入れ，税務上は適格分割で簿価受入れ）。この場合，差異の調整のために法人税の申告書で会計処理を税務処理に合わせる修正をする必要がある。
- 分割承継法人の資産及び負債の受入処理に差異がない場合であっても，共通支配下の分割型分割で，資本の調整が必要な場合がある。

1. 資産及び負債の受入処理の差異（会計：時価受入れ，税務：簿価受入れ）

会社分割の処理は，会計は適正な期間損益の把握や財産状況の把握のために企業結合に係る会計基準及び会社計算規則に則って処理を行い，税務は課税の公平のため税法に則って処理を行います。そのため，その目的の差異により会計と税務処理とに差異が生じるときは，法人税申告書で調整します。例えば，会計上はパーチェス法によって時価で受け入れ，税務上は適格分割により簿価で受け入れた場合の法人税の調整は，次のとおりです。

(1) 前 提

会 計 処 理：パーチェス法による時価受入れ，資本金計上額以外は，全額資本準備金に計上

税 務 処 理：適格分社型分割

分割契約書：分割対価（分割承継法人株式のみ），資本金計上額（80）

(2) 会計処理

受入処理は時価で行います。

（借）資産	1,500	（貸）負債		800
		資本金※1		80
		資本準備金※2		620

※1　資本金は分割契約書で定めた額
※2　貸借差額

(3) 税務処理

① 受入処理

受入処理は帳簿価額で行います。

（借）資産	1,000	（貸）負債		800
		資本金※1		80
		資本金の額以外の資本金等の額※2		120

※1　資本金は分割契約書で定めた額
※2　貸借差額

② 別表調整

<分割後の会計と税務の貸借対照表（移転事業に係る部分）>

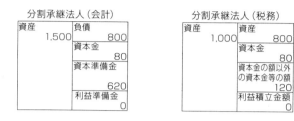

会計と税務で受入処理に差異があるため，法人税申告書で次の処理を行います。

<調整仕訳>

（借）利益積立金額	500	（貸）資産	500
資本金の額以外の資本金等の額	500	利益積立金額	500

<別表五（一）>

I　利益積立金額の計算に関する明細書				
区分	期首現在 利益積立金額	当期の増減		差引翌期首現在 利益積立金額 ①-②+③
		減	増	
	①	②	③	④
利益準備金 1				
積立金 2				
資産 3			△500	×××
資本金等の額 4			500	×××
差引合計額 31	×××	×××	×××	×××

Ⅱ 資本金等の額の計算に関する明細書					
区分		期首現在資本金等の額	当期の増減		差引翌期首現在資本金等の額 ①−②+③
			減	増	
		①	②	③	④
資本金又は出資金	32			80	××××
資本準備金	33			620	××××
利益積立金額	34			△500	××××
	35				
差引合計額	36	××××	××××	200	××××

2. 資産及び負債の受入処理の差異（会計・税務ともに簿価受入れの場合）

　分割承継法人の受入処理として，会計上は共通支配下の会計処理によって簿価で受け入れ，税務上は適格分割により簿価で受け入れた場合，会計と税務で資産の受入れに差異は生じませんが，会計上の利益剰余金の額と税務上の利益積立金額に差異が生じる場合があります。例えば，会計上は共通支配下にある場合において，分割承継法人株式以外の対価の交付があるときは利益準備金の引継ぎはできません（会社計算規則37，49）が，一方で税務上は適格分割型分割の場合は利益積立金の引継ぎが強制されるため，別表五（一）で税務調整を行うことになります。

(1) 前　提

- 会計処理：適正な帳簿価額により簿価受入れ，資本金計上額以外は全額資本準備金に計上
- 税務処理：適格分割型分割
- 分割契約書：分割対価（分割承継法人株式），資本金計上額（80）
- 分割事業に係る利益積立金（税務上）：30

(2)　会計処理

受入処理は簿価で行います。

（借）資産	1,000	（貸）負債	800
		資本金※1	80
		資本準備金※2	120

※1　資本金は分割契約書で定めた額
※2　貸借差額（分割契約書により貸借差額を資本準備金）

(3)　税務処理

①　受入処理

受入処理は帳簿価額で行います。また，利益積立金額を引き継ぎます。

（借）資産	1,000	（貸）負債	800
		資本金※1	80
		資本金の額以外の資本金等の額※2	90
		利益積立金額※3	30

※1　資本金は分割契約書で定めた額
※2　分割法人の分割直前の資本金等の額×移転簿価純資産割合−資本金に計上する額
※3　分割事業の簿価純資産−資本金及び資本金の額以外の資本金等の額

②　別表調整

<分割後の会計及び税務の貸借対照表（移転事業に係る部分）>

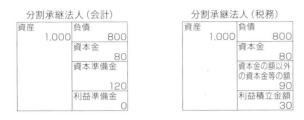

　会計と税務で受入処理に差異があるため，法人税申告書で次の処理を行います。

<調整仕訳>

（借方）		（貸方）	
資本金の額以外の資本金等の額	30	利益積立金額	30

<別表五（一）>

I　利益積立金額の計算に関する明細書					
区分		期首現在 利益積立金額	当期の増減		差引翌期首現在 利益積立金額 ①−②+③
			減	増	
		①	②	③	④
利益準備金	1				
積立金	2				
資産	3				
資本金等の額	4			30	×××
差引合計額	31	×××	×××	×××	×××

II 資本金等の額の計算に関する明細書					
区分		期首現在 資本金等の額	当期の増減		差引翌期首現在 資本金等の額 ①－②＋③
			減	増	
		①	②	③	④
資本金又は出資金	32			80	×××
資本準備金	33			120	×××
利益積立金額	34			△30	×××
	35				
差引合計額	36	×××	×××	170	×××

第4節　その他の論点

Q3 -26　適格分割における分割法人の繰越欠損金の引継ぎ

適格分割を行った場合に，分割承継法人は分割法人の繰越欠損金を引き継ぐことはできますか。

(ポイント)

分割法人の繰越欠損金を引き継ぐことはできない。

A　適格合併を行った場合には，合併法人は被合併法人の繰越欠損金を引き継ぐことができますが，適格分割を行った場合には，分割承継法人は分割法人の繰越欠損金を引き継ぐことはできません。

以前は合併類似適格分割型分割を行った場合には，分割法人の繰越欠損金を引き継ぐことができましたが，その適用例がほとんどなかったことから，この制度は，平成22年度の税制改正において廃止されました。

Q3 -27 適格分割における分割承継法人の繰越欠損金

適格分割を行った場合に，分割承継法人の繰越欠損金はそのまま使用できますか。

(ポイント)

支配関係の発生から分割事業年度開始の日までの期間が5年以内で，かつ，みなし共同事業要件を満たさない等の場合には，分割承継法人の繰越欠損金の使用について，制限が課される。

A 1. 趣 旨

分割承継法人の繰越欠損金の使用について何も制限が課されなければ，以下のような手順を経ることで租税回避行為が可能となります。

(1) 繰越欠損金を有する法人の株式を買収し，適格要件を満たすことが比較的容易な支配関係（50%超）を形成する。

(2) 自社を分割法人，買収した法人を分割承継法人とし，課税関係の発生しない（簿価で移転できる）適格分割を行う。

(3) 分割した事業に係る利益について，買収した法人の繰越欠損金と相殺することにより，税負担の軽減を行う。

このような租税回避行為を防止するために，分割承継法人の繰越欠損金の使用については一定の制限が設けられています。

2. 使用制限がある場合

以下の要件全てに該当する場合には，繰越欠損金の使用制限が課されます（法人税法57④）。

(1) 適格分割に係る分割法人と分割承継法人との間に支配関係がある（共同事業を行うための適格分割または，特定事業を切り出して独立会社とする適格分割（スピンオフ）に該当する場合には制限はありません）。

(2) (1)の支配関係が，下記のうち最も遅い日から継続していない。

① 分割承継法人の適格分割の日の属する事業年度開始の日の5年前の日

② 分割承継法人の設立の日

③ 分割法人の設立の日

【イメージ図】

⑶ みなし共同事業要件（**Q3−28**参照）を満たしていない。

⑷ 分割承継法人の支配関係事業年度直前の事業年度末の時価純資産超過額（含み益）が繰越欠損金の額に満たない（法人税施行令113①二，④）。

【フローチャート】

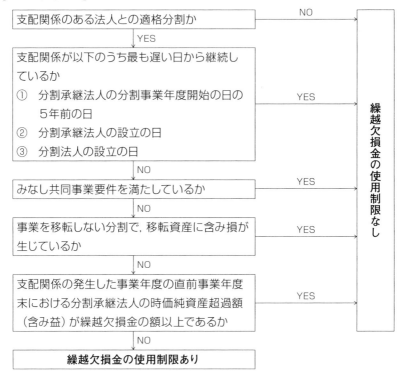

３. 制限される繰越欠損金の額

(1) 基本的な考え方

　分割承継法人の繰越欠損金のうち，制限を受ける金額は，以下のとおりとなります（法人税法57④）。

①　支配関係事業年度（分割法人と分割承継法人との間に，最後に支配関係があることとなった日の属する事業年度）前の繰越欠損金

　　⇒繰越欠損金の全額

②　支配関係事業年度以後の繰越欠損金

　　⇒繰越欠損金のうち，特定資産譲渡等損失相当額（**Ｑ３－30，３－31**参照）

【イメージ図】

(2)　特　例

　繰越欠損金の使用制限，特定資産譲渡等損失額の損金不算入について下記の特例が設けられています。

①　時価純資産超過額（含み益）がある場合

　分割承継法人の支配関係事業年度直前の事業年度末における時価純資産超過額が，繰越欠損金未満である場合における制限を受ける金額は，以下のとおりとなります（法人税施行令113①二，④）。

　　イ．支配関係事業年度前の繰越欠損金

　　　　⇒繰越欠損金のうち，時価純資産超過額を超える部分の金額

　　ロ．支配関係事業年度以後の繰越欠損金

　　　　⇒制限を受ける金額はありません

　なお，時価純資産超過額が繰越欠損金以上である場合には，制限を受ける金額はありません（法人税施行令113①一，④）。

②　簿価純資産超過額（含み損）がある場合

　分割承継法人の支配関係事業年度直前の事業年度末における簿価純資産超過額が，支配関係事業年度以後の繰越欠損金のうち，特定資産譲渡等損失相当額に満たない場合に制限を受ける金額は，以下のとおりとなります（法人税施行

令113①三，④)。

　イ．支配関係事業年度前の繰越欠損金

　　　⇒繰越欠損金の全額

　ロ．支配関係事業年度以後の繰越欠損金

　　　⇒繰越欠損金のうち，特定資産譲渡等損失相当額（支配関係事業年度以
　　　　降の各年度に使用制限を受けた金額の合計が簿価純資産超過額に達す
　　　　るまでの金額を限度とします）

【イメージ図】

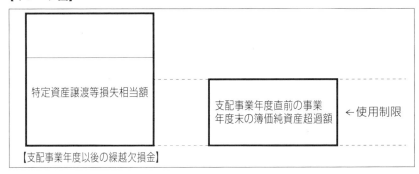

(3)　**申告要件**

　上記(2)の規定は，確定申告書に特例の計算に関する明細書を添付し，時価評
価の算定書類を保存している場合に限り適用できます（法人税施行令113②④)。

Q3-28 | みなし共同事業要件

みなし共同事業要件とはどのようなものでしょうか。

(ポイント)

　みなし共同事業要件とは以下の要件をいい，繰越欠損金の使用制限を受けないためには，そのすべてを満たす必要がある（法人税施行令112③⑩）。

　イ．事業関連性要件

　ロ．規模要件及び規模継続要件

　ハ．ロを満たさない場合には，経営参画要件

A | 1．事業関連性要件

　事業関連性要件とは，分割法人の分割事業と分割承継法人の既存事業が相互に関連するものであることをいいます。この既存事業とは，分割承継法人が分割前に行う事業のうち，いずれかの事業をいいます。

　なお，事業関連性要件は適格要件の判定における「事業関連性要件」と同じです（Q3－4参照）。

2．規模要件及び規模継続要件

(1)　規模要件

　規模要件とは，分割法人の分割事業と分割承継法人の既存事業のそれぞれの売上金額，従業員の数もしくはこれらに準ずるものの規模割合が概ね5倍を超えないことをいいます。この指標はすべてを満たす必要はなく，一つでも満たしていれば，規模要件を満たすこととなります。

　なお，規模要件は適格要件の判定における「規模要件」と同じです（Q3－4参照）。

(2)　規模継続要件

　規模継続要件とは，以下のすべての要件を満たすことをいいます。

① 分割法人の分割事業が分割法人と分割承継法人との間に最後に支配関係があることとなった時から適格分割の直前の時まで継続して行われており，かつ，最後に支配関係があることとなった時と適格分割の直前の時における分割事業の規模の割合が概ね２倍を超えないこと。

② 分割承継法人の既存事業が分割承継法人と分割法人との間に最後に支配関係があることとなった時から適格分割の直前の時まで継続して行われており，かつ，最後に支配関係があることとなった時と適格分割の直前の時における既存事業の規模の割合が概ね２倍を超えないこと。

　なお，規模継続要件における「規模の指標」は，上記(1)の規模要件で使用する「規模の指標」と同じものになるため，売上金額や従業員数等のうちの一つを満たせばよいこととなります。

【イメージ図】

３．経営参画要件

　経営参画要件とは，分割法人の適格分割前における役員又はこれに準ずる者（分割法人の経営に従事していた者に限る。以下「役員等」という）のいずれかの者と，分割承継法人の適格分割前における特定役員である者のいずれかの者とが，その適格分割後に分割承継法人の特定役員となることが見込まれていることをいいます。

　経営参画要件についても，基本的には適格要件の判定における「経営参画要件」と同じです（**Ｑ３−４**参照）。ただし，経営参画要件については，適格要件の判定と一部異なり，「分割法人の適格分割前における役員等である者のいず

れかの者」及び「分割承継法人の適格分割前における特定役員である者のいず
れかの者」は，支配関係発生日前においても役員等である必要があります。

　したがって，支配関係が発生した後，経営参画要件を満たすために，分割承
継法人から分割法人に役員となる者を送り込むような行為は認められないこと
となります。

【イメージ図】

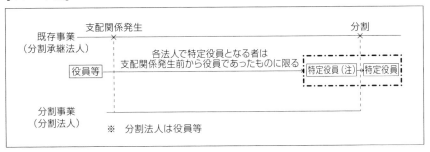

Q3 -29 繰越欠損金の使用制限の具体例

繰越欠損金の使用制限の具体例を教えてください。

ポイント

　繰越欠損金の使用制限については，支配関係事業年度を正確に把握することがポイントとなる。

A 1. 具体例 I

　A社（3月末決算法人）は×7年10月1日（×8年3月期）にB社の製造部門を吸収分割しました。この分割は適格分割に該当し，A社とB社の支配関係の発生日は×5年7月1日です。なお，この分割はみなし共同事業要件を満たしておらず，A社の支配関係事業年度直前の事業年度末の簿価純資産超過額は支配関係事業年度以後の繰越欠損金の額を超えています。

　この場合に，A社において使用制限が課される繰越欠損金はいくらとなりますか。

【A社における最近の欠損金の発生状況】

年度	×3年 3月期	×4年 3月期	×5年 3月期	×6年 3月期	×7年 3月期
繰越欠損金	1,000	400	700	1,500	300
特定資産譲渡 等損失相当額	－	－	－	1,000	500

【具体例 I の解説】

① 制限される欠損金の額

　分割承継法人の繰越欠損金のうち，制限を受ける金額は以下のとおりとなります。

　(イ) 支配関係事業年度（分割法人と分割承継法人との間に，最後に支配関係があることとなった日の属する事業年度）前の繰越欠損金

⇒繰越欠損金の全額

(ロ)　支配関係事業年度以後の繰越欠損金

⇒繰越欠損金のうち，特定資産譲渡等損失相当額（**Q3−30，3−31**参照）

② 今回の事例

今回の事例における支配関係事業年度は，×6年3月期となります。したがって，×5年3月期以前の事業年度の繰越欠損金は，すべて使用制限を受けることとなります。また，×6年3月期以後の事業年度については，×6年3月期は繰越欠損金（1,500）よりも特定資産譲渡等損失相当額（1,000）の方が小さいため，特定資産譲渡等損失相当額（1,000）について使用制限が課されます。×7年3月期は繰越欠損金（300）よりも特定資産譲渡等損失相当額（500）の方が大きいため，繰越欠損金の全額（300）について使用制限が課されることとなります。

【イメージ図】

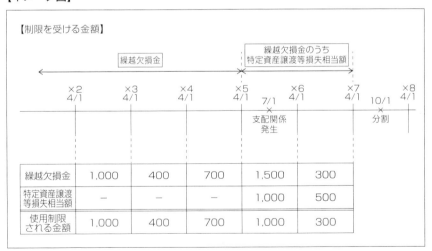

2．具体例Ⅱ

具体例ⅠのA社において，A社の支配関係事業年度直前の事業年度末の簿価純資産超過額が1,200である場合に，A社において使用制限が課される金額は

いくらとなりますか。【A社における最近の欠損金の発生状況】は，具体例Ⅰと同じとします。

【具体例Ⅱの解説】

① 制限される欠損金の額

　A社の支配関係事業年度直前の事業年度末における簿価純資産超過額（1,200）が，支配関係事業年度以後の繰越欠損金のうち特定資産譲渡等損失相当額（1,000＋300＝1,300）に満たないため，制限を受ける金額は以下のとおりとなります。

　㈚　支配関係事業年度前の繰越欠損金

　　　⇒繰越欠損金の全額

　㈨　支配関係事業年度以後の繰越欠損金

　　　⇒繰越欠損金のうち，特定資産譲渡等損失相当額（支配関係事業年度以降の各年度に使用制限を受けた金額の合計が簿価純資産超過額に達するまでの金額を限度とします）

② 今回の事例

　×5年3月期以前の事業年度の繰越欠損金の取扱いは，具体例Ⅰと同じとなります。また，×6年3月期以降の事業年度については，×6年3月期は繰越欠損金（1,500）よりも特定資産譲渡等損失相当額（1,000）の方が小さいため，特定資産譲渡等損失相当額（1,000）について使用制限が課されます。×7年3月期は繰越欠損金（300）よりも特定資産譲渡等損失相当額（500）の方が大きいため，原則として使用制限を受ける金額は繰越欠損金（300）となります。ただし，支配関係事業年度以降の各年度に使用制限を受けた金額の合計（1,000）が簿価純資産超過額（1,200）に達するまでの金額を限度とするため，使用制限が課されるのは200（1,200－1,000）となります。

【イメージ図】

| 【制限を受ける金額】 | | | | |

	×2 4/1	×3 4/1	×4 4/1	×5 4/1	×6 4/1	×7 4/1	×8 4/1
繰越欠損金	1,000	400	700	1,500	300		
特定資産譲渡 等損失相当額	－	－	－	1,000	500		
使用制限 される金額	1,000	400	700	1,000	200		

繰越欠損金

繰越欠損金のうち
特定資産譲渡等損失相当額
（簿価純資産超過額を限度）

7/1 支配関係発生　10/1 分割

3．具体例Ⅲ

　具体例ⅠのA社における×7年3月期について，所得が発生していたため，×6年3月期の繰越欠損金と全額相殺している場合に，A社において使用制限が課される繰越欠損金はいくらとなりますか。

　なお，×7年3月期の繰越欠損金控除前の所得金額は2,500とし，A社の支配関係事業年度直前の事業年度末の簿価純資産超過額は，支配関係事業年度以後の繰越欠損金の額を超えています。

【A社における最近の欠損金の発生状況】

年度	×3年 3月期	×4年 3月期	×5年 3月期	×6年 3月期	×7年 3月期
繰越欠損金 （所得相殺前）	1,000	400	700	1,500	0
特定資産譲渡 等損失相当額	－	－	－	1,000	－

【具体例Ⅲの解説】

　繰越欠損金は古いものから使用するため，×7年3月期の所得（2,500）は，

　まず，×５年３月期までの繰越欠損金（1,000＋400＋700＝2,100）と相殺し，残額（2,500－2,100＝400）を×６年３月期の繰越欠損金（1,500）と相殺することとなります。

　ここで，×７年３月期で使用した×６年３月期の繰越欠損金（400）が，特定資産譲渡等損失相当額からなる部分（1,000）か，それ以外の部分（1,500－1,000＝500）かが論点となります。この点については，まず特定資産譲渡等損失相当額からなる部分の金額から控除したものとして計算すると規定されており，法人にとっては有利な取扱いとなっています（法人税施行令112⑤⑧）。

　したがって，×７年３月期所得相殺後の繰越欠損金（1,500－400＝1,100）より特定資産譲渡等損失相当額から使用した繰越欠損金を控除した金額（1,000－400＝600）の方が小さいため，特定資産譲渡等損失相当額（600）について，使用制限が課されます。

【イメージ図】

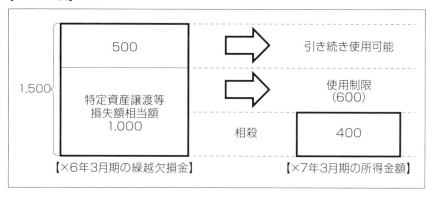

Q3-30　適格分割における分割法人より引き継いだ資産に係る譲渡損の損金不算入

適格分割を行った場合に，分割承継法人は，分割法人から引き継いだ資産（特定引継資産）に係る譲渡損を損金の額に算入させることはできますか。

(ポイント)

　支配関係の発生から分割事業年度開始の日までの期間が5年以内で，かつ，みなし共同事業要件を満たさない等の場合には，分割法人から引き継いだ資産に係る譲渡損の損金算入について，制限が課される。

A　1．趣　旨

　分割法人から引き継いだ資産（特定引継資産）に係る譲渡損について何も制限がなければ，以下のような手順を経ることで，租税回避行為が可能となります。

(1)　資産の含み損を有する法人の株式を買収し，適格要件を満たすことが比較的容易な支配関係を形成する。

(2)　買収した法人を分割法人，自社を分割承継法人とし，含み損を有する事業につき課税関係の発生しない（簿価で移転できる）適格分割を行う。

(3)　引き継いだ資産について譲渡損を実現させ，分割承継法人の利益と相殺することにより税負担の軽減を行う。

　このような租税回避行為を防止するために，特定引継資産に係る譲渡損（特定引継資産譲渡等損失額）の損金算入については一定の制限が設けられています。

2．損金不算入となる場合

　以下の要件に該当する場合には，特定引継資産譲渡等損失額の損金算入について制限が課されます（法人税法62の7①）。

⑴　適格分割に係る分割法人と分割承継法人に支配関係がある（共同事業を行うための適格分割または，特定事業を切り出して独立会社とする適格分割（スピンオフ）に該当する場合には制限はありません）。

⑵　⑴の支配関係が，下記のうち最も遅い日から継続していない。

①　分割承継法人の適格分割の日の属する事業年度開始の日の５年前の日

②　分割承継法人の設立の日

③　分割法人の設立の日

【イメージ図】

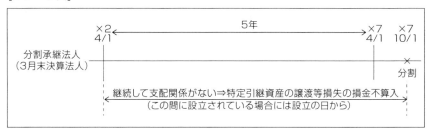

⑶　みなし共同事業要件（**Q3−28**参照）を満たしていない。

⑷　分割法人は，支配関係事業年度の直前事業年度末において，簿価純資産超過額（含み損）を有している（法人税施行令123の9①二，④）。

　　なお，この場合の簿価純資産超過額は，分割事業のみならず，分割法人の純資産全体で計算することとなりますので，留意が必要です。

【フローチャート】

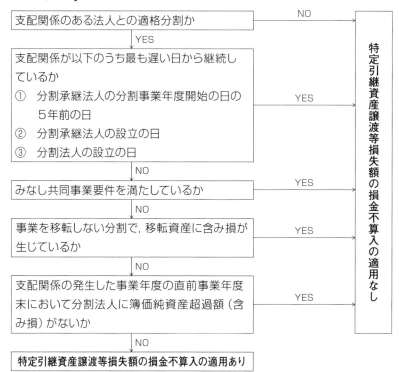

3．適用期間

　この規定が適用される特定引継資産の譲渡等は，分割の日から以下のうち最も早い日までの間に行われたものが対象となります（法人税法62の7①）。

(1)　分割事業年度開始の日以後3年を経過する日

(2)　支配関係発生日以後5年を経過する日

(3)　非適格株式交換等により時価評価される場合には，その時価評価される事業年度終了の日

【イメージ図】

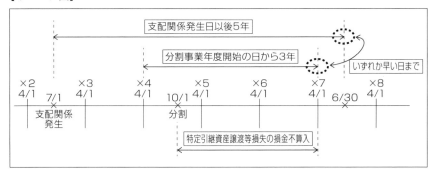

4. 損金不算入とされる金額

(1) 基本的考え方

この規定により損金不算入とされる金額は，特定引継資産の譲渡，評価換え，貸倒れ，除却その他これらに類する事由による損失の額の合計額から特定引継資産の譲渡又は評価換えによる利益の額を控除した金額となります（法人税法62の7②一）。

したがって，特定引継資産譲渡等損失額のすべてを損金不算入とするのではなく，同一事業年度に発生した特定引継資産に係る利益と相殺後の損失の額が損金不算入となります。

また，この規定により損金不算入とされた金額については，永久に損金算入のタイミングを失うこととなるという非常に厳しい取扱いとなっていますので，この点にも十分留意が必要です。

(2) 損金不算入額

特定資産譲渡等損失額のうち，簿価純資産超過額（**Q3−27 3.** (2)②及びその事業年度前にこの規定により損金不算入とされた金額の合計額を控除した金額）に達するまでの金額が損金不算入となります（法人税施行令123の9①二）。

Q3 -31　適格分割における分割承継法人が分割前より保有していた資産に係る譲渡損の損金不算入

適格分割を行った場合に，分割承継法人は，分割承継法人が分割前から保有していた資産（特定保有資産）に係る譲渡損を，そのまま損金の額に算入させることはできますか。

(ポイント)

　支配関係の発生から分割事業年度開始の日までの期間が5年以内で，かつ，みなし共同事業要件を満たさない等の場合には，分割承継法人の保有していた資産に係る譲渡損の損金算入について，制限が課される。

A　## 1．趣　旨

　適格分割を行った場合に，分割承継法人が分割前から保有していた資産（特定保有資産）に係る譲渡損について，Ｑ3－30で記載した分割法人と分割承継法人を逆にすれば，租税回避行為と同様の効果を生み出すことが出来てしまいます。

　そのため，このような租税回避行為を防止するために，分割承継法人が保有する特定資産に係る譲渡損の損金算入についても一定の制限が設けられています。

2．損金不算入となる場合

　特定引継資産譲渡等損失額の損金不算入と同じになりますのでＱ3－30をご参照ください。

3．適用期間

　基本的な考え方はＱ3－30と同じになります。ただし，特定保有資産の譲渡等損失の損金不算入は，分割承継法人の分割事業年度開始の日から適用されますので，留意が必要です。

４．損金不算入とされる金額

　特定引継資産譲渡等損失額の損金不算入と同じになりますのでＱ３−30を
ご参照ください。

Q3 -32 | 特定資産譲渡等損失の損金不算入の対象となる 特定資産，譲渡等の定義

特定資産譲渡等損失の損金不算入の対象となる特定資産及び譲渡等とはどのようなものでしょうか。

ポイント

特定資産（特定引継資産及び特定保有資産をいいます。）とは支配関係発生前に有していた資産で，一定のものをいう。

 1．判定時期

(1) 原　則

組織再編に係る特定資産を利用した租税回避行為は，「支配関係発生前に保有している資産の含み損を利用することを目的とし，その資産を保有している法人と支配関係を発生させることにより容易に適格分割の要件を満たし，分割後に含み損を実現させる」ことにより行われます。

したがって，特定資産譲渡等損失の損金不算入の規定は，支配関係発生日の属する事業年度開始の日（特定引継資産については，支配関係発生日）前に保有している資産が対象となり，支配関係発生日の属する事業年度開始の日（特定引継資産については，支配関係発生日）以後に取得した資産については対象となりません（法人税法62の7②）。

(2) 特　例

支配関係発生後に，分割法人が取得した資産であっても，分割法人が，分割承継法人及び分割法人による支配関係がある他の法人から，その適格分割の日以前2年以内のみなし共同事業要件を満たさない適格組織再編成により移転を受けた資産※1,2である場合には，その資産は支配関係発生日前から保有していたものとみなされます（法人税施行令123の8⑫）。

※1　分割承継法人及び分割法人と他の法人との支配関係発生日の属する事業年

度開始の日における帳簿価額等が1,000万円以上であること。

※2　分割承継法人及び分割法人と他の法人との支配関係発生日の属する事業年度開始の日において，含み損を有していること。

（具体例）

　A社は，×7年10月1日に適格分割（みなし共同事業要件は満たしません）により，A社による支配関係のあるB社から資産aを引き継ぎました。資産aは，B社が×5年12月1日に適格組織再編成（みなし共同事業要件は満たしません）により，A社及びB社による支配関係のあるC社から適格組織再編成で引き継いだものです。

　資産aの帳簿価額は1,000万円以上とし，それぞれの支配関係発生日は，×4年10月1日とします。

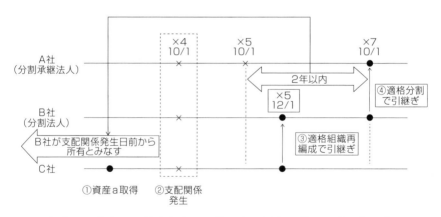

　この場合に，資産aを特定資産譲渡等損失の損金不算入の適用期間内に譲渡等し，譲渡損が出た場合には，その譲渡損は損金不算入となります。

２．特定資産から除外される資産の概要

　特定資産とは，上記のとおり支配関係発生前に保有している資産ですが，以下の資産については除外されています（法人税施行令123の8③⑭）。

（1）　棚卸資産（土地及び土地の上に存する権利を除く）

(2)　短期売買商品，売買目的有価証券

(3)　適格分割の日（特定保有資産については，適格分割の日の属する事業年度開始の日）における帳簿価額又は取得価額が1,000万円に満たない資産

(4)　支配関係発生日の属する事業年度開始の日以後に有することとなった資産及び支配関係発生日の属する事業年度開始の日における時価が帳簿価額以上である資産

3．除外資産に係る留意点

(1)　棚卸資産

　棚卸資産から生ずる損失は，経常的に発生するもので，租税回避の可能性は低いと考えられるため，特定資産の範囲から除かれています。

　ただし，棚卸資産であっても土地及び土地の上に存する権利については，租税回避につながる可能性が高いため，特定資産に含まれることとなります。したがって，販売用の土地を保有している場合には，特定資産に含まれますので留意が必要です。

(2)　適格分割の日等における帳簿価額又は取得価額が1,000万円に満たない資産

　適格分割の日（特定保有資産については，適格分割の日の属する事業年度開始の日）における帳簿価額又は取得価額が1,000万円に満たない資産から生じる損失は，その資産を譲渡したとしても計上される譲渡損の額が少額であり，租税回避の可能性は低いと考えられるため，特定資産の判定から除外されています。

　なお，帳簿価額又は取得価額が1,000万円に満たないか否かの判定は，以下の単位により行うこととなります（法人税施行規則27の15①）。

資産の種類		単　位
金銭債権		債務者ごと
減価償却資産	建物	1棟ごと（区分所有建物については，区分所有部分ごと）
	機械及び装置	一の生産設備又は1台もしくは1基（通常一組又は一式をもって取引の単位とされるものにあっては，一組又は一式）ごと
	その他	上記に準ずる
土地等		1筆（一体として事業の用に供される一団の土地等にあっては，その一団の土地等）ごと
有価証券		銘柄の異なるごと
その他		通常の取引単位

⑶　支配関係発生日の属する事業年度開始の日における時価が帳簿価額以上である資産

　含み益が発生しているため，当然除外される資産ですが，この要件に該当する資産を除外するためには，分割の確定申告時に別表を添付する必要があります。

4．譲渡等の定義

　特定資産譲渡等損失の損金不算入に係る譲渡等とは，譲渡，評価換え，貸倒れ，除却その他これらに類するものをいいます。

Q3 -33 | 特定資産譲渡等損失の損金不算入額の具体例

特定資産譲渡等損失の損金不算入額の具体例を教えてください。

(ポイント)

特定資産譲渡等損失の損金不算入額は，特定引継資産又は特定保有資産ごとに同一事業年度の譲渡損から譲渡益を控除することにより算出する。

A

(1)　具体例

A社（3月末決算法人）は×7年10月1日にB社（3月末決算法人）の製造部門を吸収分割しました。この分割は適格分割に該当し，A社とB社の支配関係の発生日は×5年7月1日です。なお，この分割はみなし共同事業要件を満たしておりません。

A社の×9年3月期における引継資産及び保有資産の譲渡の状況が以下のとおりである場合に，特定資産譲渡等損失の損金不算入の適用を受ける金額はいくらとなりますか。

【引継資産】

	適格分割の日における帳簿価額	譲渡直前帳簿価額	譲渡対価
資産A	1,500万円	1,200万円	300万円
資産B	800万円	600万円	100万円

【保有資産】

	適格分割の日の属する事業年度開始の日における帳簿価額	譲渡直前帳簿価額	譲渡対価
資産C	1,200万円	900万円	300万円
資産D	1,800万円	1,300万円	1,500万円

⑵　具体例の解説

①　損金不算入の制限を受ける資産の判定

　特定資産譲渡等損失の損金不算入の適用を受ける資産から，「適格分割直前における帳簿価額又は取得価額が1,000万円に満たないもの」は除外されているため，資産Bは対象となりません。資産Cについては譲渡直前の帳簿価額は1,000万円未満となっていますが，適格分割の日の属する事業年度開始の日における帳簿価額は1,000万円以上であるため，対象となります。

　したがって，資産A，資産C，資産Dが損金不算入の制限を受けることとなります。

②　損金不算入となる金額

　㈄　特定引継資産

　　資産A：1,200万円－300万円＝900万円（譲渡損）

　　∴900万円が損金不算入となります。

　㈅　特定保有資産

　　資産C：900万円－300万円＝600万円（譲渡損）

　　資産D：1,300万円－1,500万円＝△200万円（譲渡益）

　　∴600万円－200万円＝400万円が損金不算入となります。

Q3 -34 事業の移転を伴わない分割の繰越欠損金の使用制限，特定保有資産譲渡等損失の損金不算入の取扱い

事業の移転を伴わない分割における繰越欠損金の使用制限及び特定保有資産譲渡等損失の損金不算入の取扱いについて教えてください。

ポイント

事業の移転を伴わない分割に係る分割承継法人の繰越欠損金の使用制限及び特定保有資産譲渡等損失の損金不算入については，異なる取扱いが定められている。

A 1. 趣　旨

事業の移転を伴わない分割については，分割事業から生ずる利益と分割承継法人の繰越欠損金又は特定保有資産の含み損を相殺するという考え方がないため，移転を受ける資産に含み益がある場合にのみ制限されることとなっています。

2. 繰越欠損金の使用制限

(1)　移転時価資産超過額（移転資産に係る移転時の含み益）がない場合（法人税施行令113⑤一）

⇒制限を受ける金額はありません。

(2)　移転時価資産超過額が支配関係事業年度前の繰越欠損金の合計額以下である場合（法人税施行令113⑤二）

①　支配関係事業年度前の繰越欠損金

⇒移転時価資産超過額部分について，使用制限が課されます。

② 支配関係事業年度以後の繰越欠損金のうち特定資産譲渡等損失相当額
⇒制限を受ける金額はありません。

(3) 移転時価資産超過額が支配関係事業年度前の繰越欠損金を超えている場合（法人税施行令113⑤三）

① 支配関係事業年度前の繰越欠損金
⇒すべての金額に使用制限が課されます。

② 支配関係事業年度以後の繰越欠損金のうち特定資産譲渡等損失相当額
⇒移転時価資産超過額から①の金額を控除した金額に達するまでの金額について使用制限が課されます。

3．特定保有資産譲渡等損失の損金不算入

(1) 移転時価資産超過額がない場合（法人税施行令123の9⑨一）
⇒損金不算入とされる金額はありません。

(2) 移転時価資産超過額が上記2．で使用制限を受けた繰越欠損金の合計額以下である場合（法人税施行令123の9⑨一）
⇒損金不算入とされる金額はありません。

(3) 移転時価資産超過額が上記2．で使用制限を受けた繰越欠損金の合計額を超えている場合（法人税施行令123の9⑨二）
⇒移転時価資産超過額から上記2．で使用制限を受けた繰越欠損金の額を控除した金額に達するまでの金額について損金不算入となります。

4．事業の移転を伴わない分割の意義

分割に際して，株式のみを移転するような分割をいいます（法人税基本通達12-1-6）。なお，100％未満の適格分割については，すべて事業の継続が要件とされていますので，この取扱いは完全支配関係のある法人間の分割を前提としていると考えられます。

第4章

株式分配（スピンオフ）の会計税務

Q4 -1 株式分配（スピンオフ）の概要

100％支配している子会社株式（完全子法人株式）の全部を株主に配当する株式分配（スピンオフ）の概要について教えてください。

（ポイント）

● 平成29年度税制改正により，企業の機動的な事業再編成を促進する「スピンオフ税制」の手法の1つとして創設された。

● 会計上は，現物分配法人においては完全子法人株式の帳簿価額だけ剰余金の減少を認識し，現物分配法人の株主においては現物分配法人株式の帳簿価額の一部を完全子法人株式の帳簿価額に付け替える。

● 税務上の主な論点として，現物分配法人は，株式譲渡損益，純資産の減少の2つが，現物分配法人の株主は，みなし配当，株式譲渡損益，株式帳簿価額修正の3つがあげられる。適格株式分配の場合には，現物分配法人においては純資産の減少のみ，株主においては株式帳簿価額修正のみを行う。

A 1．株式分配の概要

　株式分配とは，剰余金の配当又は利益の配当により，完全子法人[※1]株式を現物分配法人[※2]の株主に分配することをいいます（法人税法２十二の十五の二）。現物分配に内包される形で定義されており，平成29年度税制改正により企業の機動的な事業再編成を促進する「スピンオフ税制」の手法の1つとして，創設されました。

　手続きとしては，剰余金の配当又は利益の配当に係る株主総会の特別決議等により実施します（会社法454，309②十）。

　同じくスピンオフ税制の手法の1つとして創設された単独新設分割型分割については，**Q3－5**を参照ください。

※1　完全子法人とは，現物分配の直前において現物分配法人により発行済株式等の全部を保有されていた法人をいいます（法人税法２十二の十五の二）。

※2　現物分配とは剰余金の配当等により金銭以外の資産の交付を行うことをいい，現物分配法人とは現物分配により資産の移転を行った法人をいいます（法人税法2十二の五の二）。

【株式分配のイメージ図】

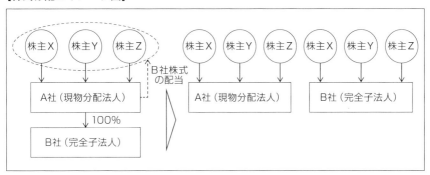

2．会計処理の概要

　株式分配の会計処理について明確に定めた会計基準はなく，現物分配や分割等に係る会計処理の考え方に準じて処理するものと考えられます。本章においては当該考え方に基づき記載します。

　現物分配法人においては，保有する完全子法人株式のすべてを株式数において比例的に配当（按分型の配当）する場合等に該当するため，完全子法人株式の帳簿価額相当額の剰余金の減少を認識します（自己株式適用指針10，38）。

　株式分配に係る株主においては，完全子法人株式のみの分配を受けることから，譲渡損益を認識せず，一定の方法により計算した金額により株式の帳簿価額の付け替えを行います（適用指針295,297）。

　詳細は**Q4－2**を参照ください。

3．税務処理の概要

　現物分配法人における主な税務論点は，株式譲渡損益，純資産の減少です。ただし，子法人と親法人とが独立して事業を行うための株式分配として一定の要件を満たす適格株式分配の場合には，純資産の減少のみ行います。適格株式

分配か否かにより，純資産の減少額が異なります（法人税２十二の十五の三，十六，十八，62の5①③，法人税施行令8①十六，十七，9①十一）。

また，現物分配法人の株主に係る主な税務論点は，みなし配当，株式譲渡損益，株式帳簿価額の修正です。ただし，適格株式分配の場合には，株式帳簿価額の修正のみ行います（法人税法24①三，61の2⑧，法人税施行令119①八，119の8の2①，所得税法25①三，所得税施行令61②三，113の2①②，措置法37の10③三）。

適格株式分配の詳細は**Q4－4**，非適格株式分配の詳細は**Q4－5**を参照ください。

Q4 -2　株式分配の会計

株式分配における現物分配法人と現物分配法人の株主に係る会計について教えてください。

ポイント

- 現物分配法人においては，完全子法人株式の帳簿価額だけ剰余金の減少を認識する。
- 現物分配法人の株主においては，現物分配法人株式の帳簿価額の一部を完全子法人株式の帳簿価額に付け替える。

　以下の前提により解説します。

【前提】

- 現物分配法人の株式分配直前における完全子法人株式の帳簿価額：100
- 現物分配法人の株式分配直前の簿価純資産価額：600
- 現物分配法人の株主における現物分配法人株式の帳簿価額：300

1．現物分配法人

　配当財産として金銭以外の財産を配当する場合には，当該財産の時価を以て剰余金を減額します。ただし，保有する子会社株式のすべてを株式数に応じて比例的に配分（按分型の配当）する場合には，配当の効力発生日における当該子会社株式の適正な帳簿価額をもって，剰余金を減額します（自己株式適用指針10，38）。

　したがって，利益剰余金の分配で，按分型の配当により株式分配を実施する場合には，完全子法人株式の株式分配直前の帳簿価額相当額を，利益剰余金から減額します。

（借）繰越利益剰余金	100	（貸）完全子法人の株式	100

２．現物分配法人の株主

　金銭以外の財産の配当を受けた場合には，交換等の一般的な会計処理の考え方に準じて会計処理することが適当であり，保有していた株式が実質的に引き換えられたものとみなして処理します（分離基準143）。また，実質的に引き換えられたものとみなされる額は，分配を受ける直前の当該株式の適正な帳簿価額を合理的な方法によって按分し算定します（分離基準52）。

　合理的な方法として，以下の３つの方法があげられています（適用指針295,297）。

(1)　株主資本の時価の比率で按分する方法

(2)　事業の時価総額の比率で按分する方法

(3)　株主資本の帳簿価額の比率で按分する方法

　上記(3)の方法によった場合には，現物分配法人の株主資本の帳簿価額に占める，完全子法人株式の帳簿価額の割合を基に，帳簿価額の付け替えをします。

(借) 完全子法人の株式	50※	(貸) 現物分配法人の株式	50※

※　$300 \times 100 \div 600 = 50$

Q4 -3　株式分配の適格要件

株式分配を行う場合の適格要件を教えてください。

ポイント

　株式分配における適格要件の主なものは以下のとおりである。

　イ．完全子法人株式以外の資産が分配されないこと（金銭等不交付要件）。

　ロ．株式分配により交付される完全子法人株式が，現物分配法人の株主に現物分配法人株式の保有割合に応じて交付されること（按分型の株式分配であること）。

　ハ．株式分配の前後で現物分配法人に支配株主がいないこと（非支配関係要件）。

特定の子会社を切り出して独立会社とする株式分配のうち，適格株式分配となるのは，以下のすべての要件を満たすものをいいます。

(1)　金銭等不交付要件

　分配される資産は，完全子法人の株式のみでなければなりません（法人税法２十二の十五の三）。

※　現物分配，現物分配法人，完全子法人の定義については，**Q4−1**参照。

(2)　按分型の株式分配であること

　分割型分割の場合と同様に，完全子法人株式が現物分配法人の株主に現物分配法人株式の保有割合に応じて交付されなければなりません（法人税法２十二の十五の三）。

※　現物分配，現物分配法人，完全子法人の定義については，**Q4−1**参照。

(3)　非支配関係要件

　株式分配の直前に現物分配法人と他の者との間に当該他の者による支配関係がなく，かつ，株式分配後に完全子法人と他の者との間に当該他の者による支

配関係があることとなることが見込まれていない必要があります（法人税施行令4の3⑯一）

　つまり，株式分配の前後において支配株主がいる場合は，適格株式分配には該当しません。

【図解】

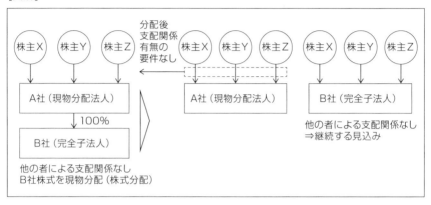

(4) 経営参画要件

　株式分配前の完全子法人の特定役員のすべてがその株式分配に伴って退任するものでない必要があります（法人税施行令4の3⑯二）。

　つまり，少なくとも一人の特定役員が継続する必要があります。

(5) 従業員引継要件

　株式分配直前の完全子法人の従業者のうち，その総数の概ね80％以上に相当する数の者が，株式分配後に完全子法人の業務に引き続き従事することが見込まれていることが必要となります（法人税施行令4の3⑯三）。

　従業者の範囲は支配関係がある分割と同様となります（**Q3－3**参照）。

(6) 事業継続要件

　完全子法人が株式分配前に行う主要な事業が株式分配後も引き続き行われることが見込まれていることが必要となります（法人税施行令4の3⑯四）。

Q4 -4　適格株式分配の課税関係

適格株式分配における現物分配法人と現物分配法人の株主に係る課税関係について教えてください。

(ポイント)

- 現物分配法人においては，完全子法人株式を帳簿価額により譲渡したものとされ，譲渡損益は発生しない。
- 現物分配法人の株主においては，現物分配法人株式の帳簿価額の一部を完全子法人株式の帳簿価額に付け替える。

1．現物分配法人

(1)　完全子法人株式の譲渡損益

完全子法人株式の譲渡損益は発生しません（法人税法62の5③）。

※　現物分配，現物分配法人，完全子法人の定義については，**Q4－1**参照。

(2)　減少する純資産の部

現物分配法人の適格株式分配の直前におけるその適格株式分配により株主に交付した完全子法人株式の帳簿価額に相当する金額を資本金等の額から減少させます（法人税法2十六，法人税施行令8①十六）。一方，利益積立金額は減少しません（法人税法2十八，法人税施行令9①八）。

(3)　源泉徴収義務

源泉徴収は不要です（所得税法25①三，181①）。

2．現物分配法人の株主

現物分配法人の株主は，その所有する現物分配法人株式のうち完全子法人株式に対応する部分の譲渡を行ったものとみなしますが，適格株式分配の場合には，株式譲渡損益は発生しません。現物分配法人株式の帳簿価額につき，以下

の算式により計算した金額（以下，「完全子法人株式対応帳簿価額※1」といいます）を減額し，同額を完全子法人株式の帳簿価額に付け替えます（法人税法61の2⑧，法人税施行令119①八，119の8の2①，所得税施行令113の2①②）。

※1　完全子法人株式対応帳簿価額

$$現物分配法人株式の簿価 \times \frac{株式分配の直前の完全子法人株式の簿価}{現物分配法人の前期末の簿価純資産※2}$$
（小数点以下3未満切り上げ）

※2　前期末から株式分配直前までに資本金等の額又は利益積立金額に変動がある場合には，その額を調整した額

3．ケーススタディ

(1)　前提

A社（現物分配法人）が株主にB社（完全子法人）株式を株式分配します。

【前提】

- 現物分配法人A社の直前期末の簿価純資産：5,000
- 各株主における現物分配法人A社株式の帳簿価額：500
- 現物分配法人A社における完全子法人B社株式の帳簿価額：1,000
- 下記貸借対照表の資産の（　）は，時価を表します。
- 分配対象資産はB社株式のみとします。
- 各株主は個人であり，A社株式の保有比率は3分の1ずつとし，同族株主ではないものとします。
- 株主が完全子法人B社株式の交付に要した費用は0（ゼロ）とします。

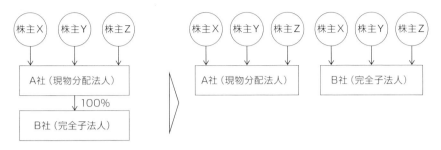

株式分配前A社 貸借対照表		
資産	負債	
B社株式　1,000 　　　（1,500）	資本金	1,000
	資本金	200
B社株式以外 　　　5,000 　　　（5,000）	資本金の額以外の 資本金等の額	1,300
	利益積立金額	3,500

株式分配後A社 貸借対照表		
資産	負債	
	負債	1,000
	資本金	200
B社株式以外 　　　5,000 　　　（5,000）	資本金の額以外の 資本金等の額	300
	利益積立金額	3,500

⑵　A社（現物分配法人）の税務上の取扱い

①　完全子法人B社株式の譲渡損益

　完全子法人B社株式の譲渡損益は発生しません。

②　資本金等の額の減少額

　完全子法人B社株式の株式分配直前の帳簿価額1,000を資本金等の額から減額します。

③　利益積立金額の減少額

　利益積立金額の減少はありません。

[仕訳イメージ]

（借）資本金等の額	1,000	（貸）B社株式	1,000

(3) 各株主の税務上の取扱い

① 株式帳簿価額の修正

以下のとおり，帳簿価額の付け替えを行います。

[株式分配後の帳簿価額]

現物分配法人株式 （A社株式）	現物分配前の税務上簿価 − 完全子法人株式対応帳簿価額 500 −（500×1,000/5,000）＝400
交付を受けた完全子法人株式（B社株式）	完全子法人株式対応帳簿価額＋交付を受けるために要した費用 （500×1,000/5,000）＋0＝100

[仕訳イメージ]

（借）B社株式	100	（貸）A社株式	100

Q4-5　非適格株式分配の課税関係

非適格株式分配における現物分配法人と現物分配法人の株主に係る課税関係について教えてください。

ポイント

- 現物分配法人の税務論点として，完全子法人株式の譲渡損益，純資産の減少の2つがあげられる。
- 現物分配法人においては，非適格株式分配の場合には，完全子法人株式の譲渡損益を認識し，現物分配資産の時価相当額の純資産が減少する。
- 現物分配法人の株主の税務論点として，みなし配当，株式譲渡損益，株式帳簿価額修正の3つがあげられる。
- 現物分配法人の株主においては，現物分配資産に金銭等がある場合には，みなし配当，株式譲渡損益，株式帳簿価額修正が必要となる。
- 現物分配法人の株主においては，現物分配資産が完全子法人株式のみである場合には，株式譲渡損益の認識はしない。

1．現物分配法人

(1)　完全子法人株式の譲渡損益

完全子法人株式を時価で譲渡したものとして譲渡損益を認識します。当該譲渡損益は，現物分配法人の損金の額又は益金の額に算入します。会計上は簿価で移転する場合であっても，税務上は時価で移転する処理をする必要があります（会計上と税務上の差異は，法人税申告書の別表で調整します）。

※　現物分配，現物分配法人，完全子法人の定義については，**Q4-1**参照。

(2)　減少する純資産の部

株式分配により株主に交付した資産の時価相当額を，現物分配法人の純資産の額から減少させます。

①　資本金等の額の減少額

次の計算式で算出した金額を減少させます（法人税法２十六，法人税施行令8①十七）。

$$\text{現物分配法人の株式分配直前の資本金等の額} \times \frac{\text{株式分配の直前の完全子法人株式の簿価}}{\text{現物分配法人の前期末の簿価純資産}^{※1}}$$
（小数点以下３位未満切り上げ）

※１　前期末から株式分配直前までに資本金等の額又は利益積立金額に変動がある場合には，その額を調整した額

② 利益積立金額の減少額

次の計算式で算出した金額を減少させます（法人税法２十八，法人税施行令9①十一）。

株式分配により株主に交付した資産の時価相当額 － 上記①

(3) 源泉徴収義務

みなし配当の額について20.42%相当額の源泉徴収義務があります（所得税法25①三，181①）。

２．現物分配法人の株主
(1) 完全子法人株式以外の資産（金銭等）の交付がある場合
① みなし配当

交付を受けた資産の時価相当額から，当該現物分配法人の資本金等の額のうち交付の起因となった株式に対応する部分の金額（上記1.（2）①）を控除した額を，みなし配当として認識します（法人税法24①三，所得税法25①三）。

② 譲渡損益

現物分配法人への投資が一部清算されたと考え，現物分配法人株式の譲渡損益を認識します。

この場合における譲渡対価は，交付を受けた資産の時価相当額から①のみな

し配当の金額を控除した額となります。また，譲渡原価は，現物分配法人株式のうち交付を受けた完全子法人株式に対応する部分の額（以下，「完全子法人株式対応帳簿価額[※2]」といいます）となります（法人税法61の2⑧，法人税施行令119の8の2①，23①三，所得税施行令113の2①②，61②三，措置法37の10③三，租税特別措置法（株式等に係る譲渡所得等関係）の取扱い（措置法通達）37の10-2の2）。

　※2　完全子法人株式対応帳簿価額

$$現物分配法人株式の簿価 \times \frac{株式分配の直前の完全子法人株式の簿価}{現物分配法人の前期末の簿価純資産[※3]}$$
$$（小数点以下 3 位未満切り上げ）$$

　※3　前期末から株式分配直前までに資本金等の額又は利益積立金額に変動がある場合には，その額を調整した額

③　株式帳簿価額の修正

　株式分配により，現物分配法人の純資産の一部が減少するため，完全子法人株式対応帳簿価額を減少させます。一方，新たに取得する完全子法人株式の取得価額は，交付を受けた資産の時価相当額となります（法人税法61の2⑧，法人税施行令119の3㉑，119①二十七，所得税施行令109①六，113①）。

[株式分配後の帳簿価額]

現物分配法人株式	株式分配前の税務上の簿価－完全子法人株式対応帳簿価額
交付を受けた完全子法人株式	株式分配時における時価＋交付を受けるために要した費用

(2)　完全子法人株式以外の資産（金銭等）の交付がない場合

①　みなし配当

　交付を受けた資産の時価相当額から，当該現物分配法人の資本金等の額のうち交付の起因となった株式に対応する部分の金額（上記1．(2) ①）を控除した額を，みなし配当として認識します（法人税法24①三，所得税法25①三）。

② 譲渡損益

金銭等の交付がない場合には，現物分配法人への投資が継続されているものと考え，譲渡損益を認識しません（譲渡対価と譲渡原価が，いずれも完全子法人株式対応帳簿価額となり，譲渡損益が発生しません）（法人税法61の2⑧，措置法37の10③三）。

③ 株式帳簿価額の修正

株式分配により，現物分配法人の純資産の一部が減少するため，完全子法人株式対応帳簿価額を減少させます。一方，新たに取得する完全子法人株式の取得価額は，完全子法人株式対応帳簿価額にみなし配当の額を加算した額となります（法人税法61の2⑧，法人税施行令119の8の2①，119①八，所得税施行令113の2①②）。

[株式分配後の帳簿価額]

現物分配法人株式	株式分配前の税務上の簿価 − 完全子法人株式対応帳簿価額
交付を受けた完全子法人株式	完全子法人株式対応帳簿価額 ＋ みなし配当 ＋ 交付を受けるために要した費用

3. ケーススタディ

(1) 前提

A 社（現物分配法人）が株主に B 社（完全子法人）株式を株式分配します。

【前提】

- 現物分配法人 A 社の直前期末の簿価純資産：5,000
- 各株主における現物分配法人 A 社株式の帳簿価額：500
- 現物分配法人 A 社における完全子法人 B 社株式の帳簿価額：1,000
- 下記貸借対照表の資産の（ ）は，時価を表します。
- 分配対象資産は B 社株式のみとします。
- 各株主は個人であり，A 社株式の保有比率は 3 分の 1 ずつとし，各株主 X Y Z は同族株主とします（支配株主に該当します）。
- 株主が完全子法人 B 社株式の交付に要した費用は0（ゼロ）とします。

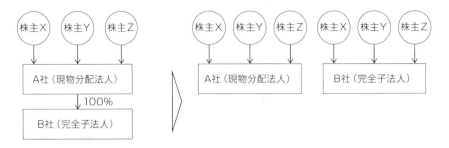

※4　3,500 + 500（下記(2)①）－ 1,200（下記(2)③）

(2)　A 社（現物分配法人）の税務上の取扱い

①　完全子法人 B 社株式の譲渡損益

以下の算式のとおり，500の B 社株式の譲渡益が益金の額に算入されます。

1,500（B 社株式の時価）－1,000（B 社株式の帳簿価額）＝500

②　資本金等の額の減少額

以下の算式のとおり，300を資本金等の額から減算します。

$$1,500 \times \frac{1,000}{5,000} = 300$$

③　利益積立金額の減少額

以下の算式のとおり，1,200を利益積立金額から減算します。

1,500－300＝1,200※5

※5　利益積立金額の減少額の20.42% 相当額（243：株主あたり81）の源泉徴収が必

要です。

[仕訳イメージ]

（借）資本金等の額	300	（貸）B社株式	1,000
利益積立金額	1,200	利益積立金額（譲渡益）	500
現金預金	243	預り金	243

(3) 各株主の税務上の取扱い

① みなし配当

以下の算式のとおり，400がみなし配当として課税されます。

$$500 - 1,500 \times \frac{1,000}{5,000} \times \frac{1}{3} = 400^{※6}$$

※6 みなし配当の20.42％相当額（81）が源泉徴収されます。

② 現物分配法人A社株式の譲渡損益

金銭等の交付がないため，現物分配法人A社株式の譲渡損益を認識しません。

③ 株式帳簿価額の修正

以下のとおり，帳簿価額の付け替えを行います。

[株式分配後の帳簿価額]

現物分配法人株式 （A社株式）	現物分配前の税務上簿価 − 完全子法人株式対応帳簿価額 $500 - (500 \times 1,000/5,000) = 400$
交付を受けた完全子法人株式（B社株式）	完全子法人株式対応帳簿価額 ＋ みなし配当 ＋ 交付を受けるために要した費用 $(500 \times 1,000/5,000) + 400 + 0 = 500$

[仕訳イメージ]

（借）B社株式	500	（貸）A社株式	100
		みなし配当	400
源泉所得税	81	現金預金	81

〈編著者〉

税理士法人　山田＆パートナーズ

編著者紹介参照。

〈執筆者〉（五十音順）

入江　貴陽　（税理士）

岡田　全弘

奥山　啓彦　（税理士）

田中　　匠　（税理士）

冨田　大智　（税理士）

中村　貴之　（公認会計士・税理士）

林　　尚樹　（公認会計士・税理士）

深地　謙輔　（税理士）

前田　章吾　（公認会計士）

山本　亮太　（税理士）

〈編著者紹介〉

税理士法人　山田＆パートナーズ

〈業務概要〉

　法人対応，資産税対応で幅広いコンサルティングメニューを揃え，大型・複雑案件に多くの実績がある。法人対応では企業経営・財務戦略の提案に限らず，M&A や企業組織再編アドバイザリーに強みを発揮する。

　また，個人の相続や事業承継対応も主軸業務の一つ，相続申告やその関連業務など一手に請け負う。このほか医療機関向けコンサルティング，国際税務コンサルティング，公益法人設立コンサルティング等の業務にも専担部署が対応する。

〈所在地〉

【東京事務所】〒100-0005　東京都千代田区丸の内1-8-1
　　　　　　　　　　　　　　丸の内トラストタワーN館8階（受付9階）
　　　　　　　　　　　　　　電話：03（6212）1660
【札幌事務所】〒060-0001　北海道札幌市中央区北一条西4-2-2　札幌ノースプラザ8階
【盛岡事務所】〒020-0045　岩手県盛岡市盛岡駅西通2-9-1　マリオス19階
【仙台事務所】〒980-0021　宮城県仙台市青葉区中央1-2-3　仙台マークワン11階
【北関東事務所】〒330-0854　埼玉県さいたま市大宮区桜木町1-7-5　ソニックシティビル15階
【横浜事務所】〒220-0004　神奈川県横浜市西区北幸1-4-1　横浜天理ビル4階
【新潟事務所】〒951-8068　新潟県新潟市中央区上大川前通七番町1230-7　ストークビル鏡橋10階
【金沢事務所】〒920-0856　石川県金沢市昭和町16-1　ヴィサージュ9階
【静岡事務所】〒420-0853　静岡県静岡市葵区追手町1-6　日本生命静岡ビル5階
【名古屋事務所】〒450-6641　愛知県名古屋市中村区名駅1-1-3　JR ゲートタワー41階
【京都事務所】〒600-8009　京都府京都市下京区四条通室町東入函谷鉾町101番地
　　　　　　　　　　　　　　アーバンネット四条烏丸ビル5階
【大阪事務所】〒541-0044　大阪府大阪市中央区伏見町4-1-1
　　　　　　　　　　　　　　明治安田生命大阪御堂筋ビル12階
【神戸事務所】〒650-0001　兵庫県神戸市中央区加納町4-2-1　神戸三宮阪急ビル14階
【広島事務所】〒732-0057　広島県広島市東区二葉の里3-5-7　GRANODE 広島6階
【高松事務所】〒760-0017　香川県高松市番町1-6-1　高松 NK ビル14階
【松山事務所】〒790-0005　愛媛県松山市花園町3-21　朝日生命松山南堀端ビル6階
【福岡事務所】〒812-0011　福岡県福岡市博多区博多駅前1-13-1　九勧承天寺通りビル5階
【南九州事務所】〒860-0047　熊本県熊本市西区春日3-15-60　JR 熊本白川ビル5階

〈海外拠点〉

シンガポール共和国（山田＆パートナーズシンガポール株式会社）
中華人民共和国（山田＆パートナーズコンサルティング（上海）有限公司）
ベトナム社会主義共和国（山田＆パートナーズベトナム有限会社）
アメリカ合衆国（山田＆パートナーズ USA 株式会社）

初めてでも分かる・使える
会社分割の実務ハンドブック（第3版）

2013年9月15日	第1版第1刷発行
2016年7月25日	第1版第6刷発行
2017年9月1日	第2版第1刷発行
2021年4月20日	第2版第10刷発行
2021年10月1日	第3版第1刷発行
2024年9月30日	第3版第8刷発行

編著者	税理士法人 山田＆パートナーズ
発行者	山　本　　継
発行所	㈱中央経済社
発売元	㈱中央経済グループ パブリッシング

〒101-0051　東京都千代田区神田神保町1-35
電話　03（3293）3371（編集代表）
　　　03（3293）3381（営業代表）
https://www.chuokeizai.co.jp
印刷・製本／文唱堂印刷㈱

© 2021
Printed in Japan

●好評書●

医療法人Ｍ＆Ａの実務 Ｑ＆Ａ

税理士法人 山田＆パートナーズ
弁護士法人 Ｙ＆Ｐ法律事務所　編
上田 峰久 責任編集
ISBN：978-4-502-48481-0

医療法人のＭ＆Ａについて、会計、税務、法務、労務、行政手続を売手、買手双方から解説。医療法人の経営者や実務担当者、税理士、公認会計士、弁護士に有用な知識を提供。

Ａ５判 / 340 頁

中央経済社

●実務・受験に愛用されている読みやすく正確な内容のロングセラー！

定評ある税の法規・通達集シリーズ

所 得 税 法 規 集
日本税理士会連合会
中央経済社 編

❶所得税法 ❷同施行令・同施行規則・同関係告示 ❸租税特別措置法（抄）❹同施行令・同施行規則・同関係告示（抄）❺震災特例法・同施行令・同施行規則（抄）❻復興財源確保法（抄）❼復興特別所得税に関する政令・同省令 ❽能登税特特法・同施行令 ❾災害減免法・同施行令（抄）❿新型コロナ税特法・同施行令・同施行規則 ⓫国外送金等調書提出法・同施行令・同施行規則・同関係告示

所得税取扱通達集
日本税理士会連合会
中央経済社 編

❶所得税取扱通達（基本通達／個別通達）❷租税特別措置法関係通達 ❸国外送金等調書提出法関係通達 ❹災害減免法関係通達 ❺震災特例法関係通達 ❻新型コロナウイルス感染症関係通達 ❼索引

法 人 税 法 規 集
日本税理士会連合会
中央経済社 編

❶法人税法 ❷同施行令・同施行規則・法人税申告書一覧表 ❸減価償却耐用年数省令 ❹法人税法関係告示 ❺地方法人税法・同施行令・同施行規則 ❻租税特別措置法（抄）❼同施行令・同施行規則・同関係告示 ❽震災特例法・同施行令・同施行規則（抄）❾復興財源確保法（抄）❿復興特別法人税に関する政令・同省令 ⓫新型コロナ税特法・同施行令 ⓬租特透明化法・同施行令・同施行規則

法 人 税 取 扱 通 達 集
日本税理士会連合会
中央経済社 編

❶法人税取扱通達（基本通達／個別通達）❷租税特別措置法関係通達（法人税編）❸減価償却耐用年数省令 ❹機械装置の細目と個別年数 ❺耐用年数の適用等に関する取扱通達 ❻震災特例法関係通達 ❼復興特別法人税関係通達 ❽索引

相 続 税 法 規 通 達 集
日本税理士会連合会
中央経済社 編

❶相続税法 ❷同施行令・同施行規則・同関係告示 ❸土地評価審議会令・同省令 ❹相続税法基本通達 ❺財産評価基本通達 ❻相続税法関係個別通達 ❼租税特別措置法（抄）❽同施行令・同施行規則）・同関係告示 ❾租税特別措置法（相続税法の特例）関係通達 ❿震災特例法・同施行令・同施行規則（抄）・同関係告示 ⓫震災特例法関係通達 ⓬災害減免法・同施行令（抄）⓭国外送金等調書提出法・同施行令・同施行規則・同関係告示 ⓮民法（抄）

国税通則・徴収法規集
日本税理士会連合会
中央経済社 編

❶国税通則法 ❷同施行令・同施行規則・同関係告示 ❸同関係通達 ❹国外送金等調書提出法・同施行令・同施行規則 ❺租税特別措置法・同施行令・同施行規則（抄）❻新型コロナ税特法・令 ❼国税徴収法 ❽同施行令・同施行規則・同告示 ❾滞調法・同施行令・同施行規則 ❿税理士法・同施行令・同施行規則・同関係告示 ⓫電子帳簿保存法・同施行令・同施行規則・同関係告示・同関係通達 ⓬デジタル手続法・同国税関係法令に関する省令・同関係告示 ⓭行政手続法 ⓮行政不服審査法 ⓯行政事件訴訟法（抄）⓰組織的犯罪処罰法（抄）⓱没収保全と滞納処分との調整令 ⓲犯罪収益規則（抄）⓳麻薬特例法（抄）

消 費 税 法 規 通 達 集
日本税理士会連合会
中央経済社 編

❶消費税法 ❷同別表第三等に関する法令 ❸同施行令・同施行規則・同関係告示 ❹消費税法基本通達 ❺消費税申告書様式等 ❻消費税法等関係取扱通達等 ❼租税特別措置法（抄）❽同施行令・同施行規則）・同関係告示・同関係通達 ❾消費税転嫁対策法・同ガイドライン ❿震災特例法・同施行令（抄）・同関係告示 ⓫震災特例法関係通達 ⓬新型コロナ税特法・同施行令・同施行規則・同関係告示・同関係通達 ⓭税制改革法等 ⓮地方税法（抄）⓯同施行令・同施行規則（抄）⓰所得税・法人税政省令（抄）⓱輸徴法令 ⓲関税法令・同関係告示 ⓳関税定率法令（抄）⓴国税通則法・同関係告示 ㉑電子帳簿保存法令

登録免許税・印紙税法規集
日本税理士会連合会
中央経済社 編

❶登録免許税法 ❷同施行令・同施行規則 ❸租税特別措置法・同施行令・同施行規則（抄）❹震災特例法・同施行令・同施行規則（抄）❺印紙税法 ❻同施行令・同施行規則 ❼印紙税法基本通達 ❽租税特別措置法・同施行令・同施行規則（抄）❾印紙税額一覧表 ❿震災特例法・同施行令・同施行規則（抄）⓫震災特例法関係通達等

中央経済社